失われた感覚を求めて

地方で出版社をするということ

三島邦弘
Kunihiro Mishima

朝日新聞出版

はじめに

ここに一枚の白い紙がある。

文字通りの白紙である。

かつて、「生まれながらにして人間の心は白い紙のようなもの」（タブララサ）と言った哲学者がいたが、ここで言っている紙は比喩としての紙ではない。

触れて、サラサラ、あるいはザラザラと感じることのできる紙。

それが見事なまでにまっ白なのである。


ところでわが仕事は、紙に印刷をし、本にするという出版業だ。主に、編集という仕事に従事している。書き手と読み手のあいだに立ち、一冊を編んでいく。編むと書いたが、言い換えれば、感知し、届ける、ということになると思う。書き手のなか、あるいは実際に書かれたものから、いまだ書かれぬ何かを感じ、企画をたて、それを、読み手に届ける。

そうした編集者としての日々を送っていると、ときどき思うことがある。

いったいどれほどの文字を費やせば、あるべき出会いを実現することができるのだろう――。

人間には五感というものが備わっている。各センサーをぞんぶんに使って生きている。たとえば、人が話をするのを聴くとき、主に、聴覚を使っているといえるだろう。話し手の口元を同時に見れば、視覚も使うことになる。実際には、身振り、手振りをまじえ、それを目にし、口から吐き出される息（ときに気持ちよく、ときに不快な）を嗅《か》ぐ。あるいは口角《こうかく》から泡が飛んでくることだってある。こうして会話は、複合的な感覚を駆使しつつ成り立つ。

しかし、紙に文字を落とすとき、そうした諸感覚は切り離されてしまう。文字だけで伝えようとすれば、対面で感知していることの何千分の一、いや何万分の一になって、そこに置かれることになる。事実、いまこの瞬間にも感じていること、伝えたいと思っていることの、ほんのわずかしか書けないでいる。もどかしいほどに。けれど、それは紙に刷られる文字たちの避けては通れぬ宿命である。

その代わりかどうかはわからないけれど、この形でしか膨らまないものがある。

そのひとつが想像力。

読み手の想像力に結びついたとき、たった一文字であってもとてつもない広大な世界を与えることだってできる。そういう可能性をもった世界のなかにぼくたち（本の仕事に関わる人はもちろん、本を読むすべての人たち）は身をおいている。

ここに一枚の紙がある。
ここには何も書かれていない。何ひとつ印刷もされていない。
正真正銘、まっさらの白い紙。まぎれもない白紙。
この紙は、これからも印字されることはない。何人も書き得ない。
未来永劫《えいごう》、だれも、なにも。
本書もまた、そのようでありたいと願って書かれようとしている。

（二〇一二年十二月末記す）

目次

はじめに　1
プロローグ　出版百年構想（序）　10

I

平城と平安のあいだ――城陽レポートより　15
いまどき住み込み？　23
出版不毛の地で　40
宣言　57

II

仮説１・そこが快適だから　69
仮説２・脱記号　82
仮説３・結界越え　98
壊れたアラーム　111

Ⅲ
念力 120
実験・寺子屋ミシマ社 130
電子書籍脅威論の正体 141
この時代の不安のなかで 150

Ⅳ
僕らの世代を取り戻せ！ 167
贈与経済 184
創刊 200
忘れもの 214

Ⅴ
22世紀を生きる 230
新しい規模を求めて 238
失われた感覚を求めて 246

エピローグ 260

おわりに 263

装幀＝クラフト・エヴィング商會［吉田浩美・吉田篤弘］

失われた感覚を求めて

地方で出版社をするということ

プロローグ　出版百年構想（序）

二〇〇九年十一月十日

このひと月ずっと考えていたことがある。

出版社はこれからどうしていけばいいのか。

今、出版界にとって、一番の問題は何か。

考え抜いた末に、明確な結論が出た、というわけではない。

ただ、きっとこういう方向性でいけばいい、というものは見つかった。結論からはじめよう。

「日本全国に出版社を」


「ぼくは日本一楽しい仕事をしている」

それは、新人以来、今に至るまで一貫した個人としての素直な感想である。

自分自身のことを振り返ると、二〇代前半で編集という仕事に出逢《であ》えていなかったら、いったい自分は今ごろどうなっていただろうか。想像したくもないけれど、すこし怖い。とにかくエネルギーのもって行き場に困っていた。

だが、その問いはいまやバーチャルなものでなくなっている。

運良くこの仕事をできている。だから満足、これからのことは知らん。というのではあまりにも無責任だ。閉ざされつつあるプロへの道を、もう一度開かなければならない。いや、実際には、これまでの道をもう一度開くという表現は正確ではあるまい。新しい道を拓《ひら》くのである。つまり、全国に出版社が点在し、共存共栄するという道を拓かなければいけないのだと思う。せめて、そのきっかけとなる動きを、はじめたい。

正直、いまのミシマ社は自分たちのことで精一杯だ（二〇〇九年十一月、まだ創業三周年を迎えたばかりにすぎない）。

それに、ミシマ社だけで何かができるわけでもないだろう。

しかし、手をこまねいているわけにはいかない。でなければ、座して死を待つのみ。

それでは、本を愛する人たち、これまで素晴らしい本を残してくれた先人へ顔向けできない。

沈み行く船を黙ってみてました。なんてことは誰が許しても自分は許すことができない。

沈まぬうちに、全国に小舟を浮かべるのだ。

その一助となるため、ミシマ社の数カ月分の動きを半日で体感いただく「寺子屋ミシマ社」を、すこしずつ、東京以外の場所でおこなっていきたい。

出版の未来を拓くことは、イコール、未来そのものを拓くことにほかならない。そう信じて。

I

我々には何の奇異も無く見える事柄も、悟空の眼から見ると、ことごとく素晴らしい冒険の端緒だったり、彼の壮烈な活動を促す機縁だったりする。もともと意味を有《も》った外《そと》の世界が彼の注意を惹《ひ》くというよりは、むしろ、彼の方で外の世界に一つ一つ意味を与えて行くように思われる。彼の内なる火が、外の世界に空しく冷えたまま眠っている火薬に、一々点火して行くのである。

（中島敦『悟浄歎異』）

平城と平安のあいだ——城陽レポートより

人は五里五里の里という。平城の都と平安の都とちょうど五里と五里の位置にある。むろん、名産はゴリゴリ芋である。

京都府城陽《じょうよう》市——。

ぼくはいま、この五里五里の里にいる。本社のある東京・自由が丘とは別世界だ。どこからもスウィーツの甘い香りは漂ってこない。スウィーツどころかコーヒーのかぐわしい香りもない。五感を研ぎすませば肥溜《こえだ》め風の肥料の臭いが鼻腔《びこう》をかすめる。

もしぼくがこの場所を知らないとする。そして偶然ここに来たとしよう。「ここはどういう場所か」と問われて周りを見回せば、「郊外のベッドタウンかな」と答えるにちがいない。間違っても「出版社をやる場所です」と答えることはあるまい。それだけは断言できる。

ではなぜ編集者という仕事をしているぼくが今ここにいるのか?

ちょっとした出張で来たのか。いや、そうではない。

「間違っても」「断言できる」と先に述べた、その間違ったことがここに進行しているのである。

そう。ここに出版社があるのである。そしてぼくはそこに用があって、この地にいる。なぜなら、その出版社を運営している張本人はぼくなのだ。


すこしだけこの町の説明をしておくほうがいいかもしれない。

人口は八万人弱。京都市の中心部から車で約一時間。京都駅から近鉄電車に乗って南へ三十分ほど。農地ばかりだったこの地は、高度経済成長期に、京都市のベッドタウンとして開発が進んだ。最高で人口八万人を超えたこともある。逆に、ぼくが幼年時代を過ごした京都市内の中心部では当時、空洞化が起こっていた。小学生だった六年の間、一クラスしかなかったくらいだ。だから子どものころクラス替えの楽しみを一度も経験したことがない。ドーナツ化現象というやつである。ところが、近年は逆ドーナツ化が進行し、城陽市のほうの人口が減少し、京都市内に流入している。そういう典型的な郊外の町。——以上。

ぼくは新幹線を降り、目の前にある近鉄の改札口に向かう。この町に向かうときは、奈良に向かう近鉄電車に乗ることになる。急行で行くと、大久保という駅で各駅停車に乗り換え、最寄駅である久津川《くつかわ》駅までもうひと駅。しかし、この「もうひと駅」が曲者《くせもの》である。東京での生活を十五年近く経験してきたぼくにとっては、このたったひと駅が、ときに「永遠」の二文字を想起させる。

待てど暮らせど来ぬ電車。

実際に来ないのである。歩いても十数分しかかからないだろうひと駅をつなぐ電車が……。

大久保で急行を降り、各駅停車に乗り換える。ときどき、申し合わせたように目の前に各駅の車両が待ってくれていることがある。ラッキー。と内心つぶやきつつ、あわてて乗り込む。が、乗り込んでから十分以上も発車しない、なんてことはザラにある。

（おいおい、こんなの東京じゃありえないぞ）

いかにも東京人っぽい感想を抱く自分がいる。たしかに東京の都心部に張りめぐらされた地下鉄や私鉄はどんなに待っても五分だろう。特にオフィスがひしめきあう中心部であれば。会社を興した自由が丘を走る東横線も同様である。待たなくてもいい街・東京。

だけど、ぼくはこの不便極まりない城陽への道の途中、一方でこうも感じているのだ。

この永遠。

この永遠こそ日本ではないか。

ぼくたちが住む国のたいていは、この「もうひと駅」と同じ時間の流れの裡《うち》にある。最寄駅まで一時間、二時間の村など無数にある。そもそもそこでは最寄駅という概念すらないだろう。この国の大半は山であり、そこに暮らす人たちがいることはむしろ自然なのだ。

誰のなかにもきっと山の景色があるだろう。それとも、遠い親戚であれ、故郷に山のないひとっているんだろうか。

ぼくのなかには、山の景色がいつもある。父の生まれ育った岐阜県大野郡の山奥の村。子どものころ、お盆で帰るたび心躍った。京都の街中で見られる緑とは根本的にちがった。右隣の家までは車で十分かかる。家の背後に山林、前に田畑、そしてすぐ横に川が流れている。牛が一、二頭、飼われている時期もあった。もちろんトイレはボットン。蛇口から流れ出る水は山の清水を引いたもので、真夏であれ氷に触れたように冷たかった。都会育ちのぼくは、いったい何人いるかもはやわからない数の従兄妹たちと、村営プールに入った。そして風邪をひいた。氷のように冷たい水に唇を真っ青にして。

そんな子ども時代から二十年以上経ったころ、平成の大合併が断行された。父の故郷は車で一時間半はかかる高山市へと吸収合併された。その結果、村はなくなり、市の一部になった。一村一診療所なければいけなかった制度が同時に廃止された。村に診療所がなくなりお医者さんがいなくなった。

ある日、心臓発作を起こしたひとまわりも年上の従兄は、高山市から来た救急車に乗せられたときには息を引き取っていた。

都市に住むぼくはただ、無力感に襲われるだけだった。


なんてことを夢うつつに考えている間に、この日も久津川駅に着いた。

京都駅から計三十分ほどの移動。

そしてホームに降り立った瞬間、ぼくは感じた。

神社の木々が揺れる音、近い空、吹き抜ける風、地元スーパーに集う買い物客たちの物音……。それらすべてが、「東京じゃない場所」にぼくが来たことを告げる。ビルもなければ、日常を快適に（あるいはときどき過度に）彩るためのオシャレな店も、スタバもなければ心地いいカフェもない。改札を抜けると狭い道が一本。片側一車線の対面通行の道。その両脇をご老人がよろよろと歩いていたり、主婦の方がときどきグラリと揺れながら自転車を漕《こ》いでいたりする。いつ接触事故が起きてもおかしくないくらい細い道。

ぼくは、その道なき路上にスーツケースをコロコロ転がしながら歩く。国道を越え、左手には古墳の竹林が鬱蒼《うっそう》と茂っている。その緑に背を向けるように、スーパーとコンビニの角を右に曲がると、二十台ほどの駐車スペースのある駐車場に着く。その奥に、二階建てのふつうの一軒家が建っている。

駐車場のなかにポツンと浮かぶ一軒家。

陽《ひ》の光がさんさんと差しこむ一軒家。

建物自体にとりたてて特徴はない。築二十年ほどであろうか。純和風建築や京都の町家のような趣きがあるわけでもなく、コンクリート打ちっぱなしといったデザイナーの手によるモダンな建築物でもない。中に入れば広い靴脱ぎ場、玄関口、その先に廊下が延びている。右手すぐ横に和室、廊下の奥にはキッチンがあり、キッチンと和室に挟まれる形で十五畳ほどのフローリング部屋がある。玄関すぐの左手には、くの字に上がる階段が延びている。二階には、六畳と十畳の洋室が二部屋ある。

出版社の雰囲気はまるでない。どこからどう見ても、ふつうの洋風民家にすぎない建物。そのふつうの家にミシマ社城陽オフィスはある。

ぼくは、その建物の中へと、靴を脱いで入る。そして微《かす》かに武者震いをする。

誰も知らない、誰も気づいていない。けれど確かに、この地で静かな変化、革命と呼んでもいいような変化が起きているのだ。

人類史上初の試みが……。

出版不毛の地、というかおそらく誰一人として出版社をつくろうと思ったこともない地に、出版社ができつつある。

国内はもうだめだ、飽和している。海外へ打って出るしかない。グローバル化の波に乗らないと――。

そういう風潮のなか、各産業において、東京一極集中の度は増すばかりである。国土の二パーセントの地に人口一千万人が密集している。二〇五〇年には日本の国土の六割が無人になるという(国土交通省試算)。まるで東京だけが日本であるかのような状況がノンストップで進行している。反対に東京以外の地は日本でないかのように見捨てられていく。東京だけ繁栄すればいいのか? そうすれば日本全体も盛り上がるのか? むしろ、逆ではないだろうか。ぼくの実感としては、東京こそがいきづまっている。飽和状態にくるしんでいる。その証拠に、地方切り捨ての批判をおかしいと感じないほどに麻痺している。本来、もっとも多様性を担保すべきなのが、メディアであろう。けれど、逆説的なことに、その、東京一極集中の急先鋒《きゅうせんぽう》こそがメディアであり、とりわけ出版業はその傾向が著しい。事実、この業界を志す若者のほとんど全員が、東京でないと仕事ができないと思っているくらいだ。

ほかでもない。自分がそう思ってきた。大学卒業後、東京の出版社二社で働き、二〇〇六年十月に東京・自由が丘で出版社をつくった。そのとき、東京以外の地で出版社がなりたつとは、とうてい思えなかった。

あれから五年。

誰も試みたこともない場所で出版社を動かすことになろうとは。

けれどそれは可能性にほかならない。出版産業のみならず日本全体の可能性といっていい。この地で出版社がなりたてば、国内の足元にまだまだ可能性があるということの証左にもなるだろう。

そう考えると、武者震いのようなしびれさえおぼえてくる。

その感覚のまま、オフィスの二階に行きベランダに立つ。裏手にある茶畑(城陽は宇治茶の生産地である)の青々とした葉を見ながら静かにゆっくりと息を吐く。そして、吸う。何度かくりかえしていくうちに、すがすがしさが体内の隅々へと沁《し》みこむように流れていく。

(城陽レポート1　2011年12月15日)

いまどき住み込み？

その年の春までは思いも寄らぬ選択肢だった。ある日、寝ていると寝床でひらめいてしまった。

「出版社をつくろう」

そうしてぼくは本当につくってしまった。

もう、六年半前になる。二〇〇六年十月のことだ。

場所はいくつかの理由で東京の自由が丘に決めた。当時住んでいた自宅から自転車で通えなくもないから、出版社のない場所だから、家賃的にも可能な範囲だったから……そうした理由が主だ。

自転車で通うことのできる距離にあるということと、家賃が現実的というのは、至極もっともな理由だろう。だけど、出版社のない場所だから、という理由には多少、説明が要るかもしれない。

会社を立ち上げる前、ぼくはふたつの出版社で働いたことがあった。一九九九年の春に大学を卒業してから勤めた出版社で、編集者生活のスタートをきった。意気揚々として。

自分が企画した本が実際に形になり本屋さんに置かれる。そしてそれを読んでくださる方がいる。

一瞬にして、その喜びの循環に巻き込まれた。「日本一楽しい仕事をしている」と思って疑いもしなかった。

けれど周りの空気はちょっと違った。

「本が売れなくなりましたねぇ」

「出版不況だからなぁ」

そうした声が、あちこちから前途輝く（と自ら信じて疑わぬ）若者の耳にも入るようになってきた。当初、「大人」たちが何のことを言っているのかわからなかった。

「おもしろくてしかたがない」。全身でそう感じるぼくと、ぼくの身体の外側で大人たちが発する言葉にはずいぶんと温度差があった。

けれど、そのころのぼくはまだ、暖のとり方を知らなかった。徹頭徹尾、自己発暖。自分で拾い集めた薪《まき》をマッチで擦って暖めるだけだった。

冬の寒さを焚《た》き火だけで越すには限界がある。

やがて凍えるような外気が無防備な若者をすっぽりと包んだ。

若者に残された選択肢はふたつだった。ひとつは、会社という暖かな組織のなかにくるまれること。もうひとつは、この冷気から抜け出すこと。

ぼくは、気づけば後者を選んでいた。日本一楽しい仕事をしているという思いのまま会社を辞めた。あとで思えば、サラリーマンとしての生き方を知らなかったことが辞めた理由の大半と思われる。幼少のころから、父をはじめ周りの友人の父親たちを見回しても、サラリーマンという存在があまりいなかった。だから、知らない生き方をするのが直感的に怖かったのだ。

もちろん前者を選んでも、気持ちよく生きていくことはできるはずだし、そもそも、その二者択一の状況に至る前に、身体を暖める術《すべ》を知っていなければいけない。

というようなことは事後の感想でしかない。あのころ、自分を生かす術は唯一、感覚的判断にしたがうことだった。そしてぼくはそれにしたがった。

しばらく東欧などを旅したあと、前の会社の上司が移っていた会社に誘われるがまま二社目に勤める。だが状況は変わらなかった。やはり、どこか空気が冷えていたのだ。

しかも、旅から戻ってほかほかの状態での入社だ。旅の最中、一番つらかったのが、企画をってていた。

思いついても誰にも相談できなかったことだ。物理的に仕事のできない場所に行って初めて、自分がどれほど編集の仕事を渇望しているかを知った。触れれば火傷《やけど》せんばかりに全身がほてっていた。

おそらく入社直後のぼくはこんな感じだったにちがいない。

「海パン男、あらわる」

あるとき、雪山に、海パン一丁の男があらわれました。男は村の真ん中に仁王立ちしました。

おそろいのセーターを着こんだ男女や防水のロングコートと膝下でキュッとゴムしぼりをした長靴をはいた中高年男性たちが、遠まきにその男を見ました。

雪にも負けず、寒さにも負けず、男は海パン姿で立ちつづけました。

当初、なにかの間違いだと男は思いました。海水浴に行かないなんて、ありえない。だから男は村の真ん中に立ち、叫ぶように呼びかけました。

「みなさん、海へ、海へいきましょう！」

みんな、海の楽しさを知らないだけだ。海で一度でも泳げばその楽しさにやみつきになる。

そして泳ぐことが当たり前になるだろう。スキーや雪合戦だけが楽しみじゃない。本当はみんな気持ちよく泳ぎたいと思っているのだ。

海パン男は疑いもしませんでした。

そうして、手のひらを広げ、「カモ〜ン」とくりかえしたのです。

「さあ、海へ行って、思うぞんぶん泳ぎましょう！」

両腕を天に広げ、満面の笑みで男は言いました。

何人かの村人が歩みを止め、少し近づくそぶりを見せました。けれど、男と行動をともにするものはいませんでした。

なぜなら、そこは雪山だったからです。一緒に泳ごう、という掛け声は、浜辺でこそ効果がある。そのことに男の意識は及んでいなかったのでした。

やがて雪がはげしく降り始めました。

海パン男の肩にも雪がつもりだしました。

それでも、男は海パン姿をやめません。けっして暖衣を纏《まと》おうとはしなかったのです。

そうして……。

男は風邪をひいたとさ——。

たしかに風邪をひいた。それも、けっこうひどいこじらせ方をした。けれど、あのときのぼくには信じがたかったのだ。

このタイミングで、コートを脱ぎ捨てられないなんて。「もう一生、海で泳ぎません、そのチャンスを自ら逸します」と宣言しているとしか思えなかった。

いうまでもなく、雪山には雪山の暮らし方がある。生活スタイルから遊び方まで、海辺のそれらとは全然ちがう。何人たりとも、雪山で暮らす人々に海の楽しみを強要することはできない。

しかしぼくはまさにそれをしていた。

そうして自らが冷え切り、凍え死ぬ寸前まで至った。

凍え切るギリギリ手前で行動に移すことになる。そのとき、ひらめいたのが、「出版社をつくろう」というものだった。

二社で編集生活を送るうちに、どうやらいまの出版業界の空気そのものがどこかおかしい。そう感じるようになっていた。であれば、いったんちがう空気のなかで始めるほうがいいかもしれない。

長くなったが、そういうわけで自社の場所を自由が丘にした。それに、自由が丘という名前も、なんだか心地よいと思えた。

で、そのとき決めたのだ。

できるだけ「ほがらか」にやっていこうと。

暗い話をいくらしても明るくなることはない。状況が変わらないのであれば、せめて日々をほがらかにやっていこう。

すると、不思議なことがおこりはじめた。

次から次へとおかしな人たちが集まりだしたのだ。謎《なぞ》のキャラクター「なーべ」を書く男。POPを縫う女。「漢」と書いて「おとこ」と読みたがる男。芸人をめざして三カ月で挫折した男。「世界を変えること」と「人類みな友だち」を夢見る少女。各自、てんでばらばらの動きを日々とるわけで、必然、場はほがらか、いや、ハチャメチャになっていった。もちろん、HSC（ホガラカ・システム・イン・カンパニー）なんてプロジェクトを立ち上げたりはしていない（カタカナ語を社内で使うことはほとんどない）。

いつしか、おかしなメンバーたちと、ほがらかに、ハチャメチャに、けれど懸命に、試行錯誤をくりかえす日々が訪れていた。

そうするうちに、あっという間に五年が過ぎたのだった。

たしかに草創期は変わった人たちと変わったことをするものだろう。それは、いっさい何も決まっていない創業期の必然ともいえる。

けれど、自社を見た場合、七年経《た》とうという段階でさえ、その面の進化はあまり見られないようにも思う。

二〇一三年の四月、つい先日のことだ。

夕方、メルマガ担当Hからたたき台の文面がきました。その挨拶文冒頭――「気づいたら、庭の柿の木にたくさん葉っぱが生えてました。冬はなにもなかった玄関横の土にも、いつの間にか緑がふさふさ。うっかりその草はニラのようで、間違えて踏むとニラが香ります」

う、うん?

「うっかりその草はニラのようで、間違えて踏むとニラが香ります」

う、ううん?

何度読んでもわからん。結局、その草はニラなのか? そもそも、「うっかり」って何にかかってるのか。草がうっかりするのか。うーん……。あまりのわからなさに愉快にさえなった。

で、編集後記をこう書いてHに送信した。

「さきほど本メルマガの『たたき台』が届きました。冒頭の一文はこうでした。

『うっかりその草はニラのようで、間違えて踏むとニラが香ります』

果たしてその草はニラなのか、そうでないのか。配信されたメルマガを見て、私も確認する予定です（どっちだろ）」

これを読んだＨはどんな文章に変えるだろう。そう思いつつ数時間後、メルマガ本編が届いた。

一体どんなふうに変わったのか、楽しみに読みだす。す・る・と！

な、なんと全く変わってない！　これじゃ、編集後記の意味がなくなるよー。

すぐさまＨと電話で話す。「どうして変えなかったの？」

「ミシマさんの編集後記の意味がわからず……。ニラかどうかを確かめろ、ということかと思い……」

「思い……？」

「庭に行ってニラかどうか確かめました。そうしてからメルマガ打ちました」

え、ええーーー。……完全敗北。ぼくの想像力のはるか先を行っていた。今日はもう、仕事やめます。

（補記）　ちなみに、その草はニラではありません。

自社ながら嘘みたいな話である。がもちろん本当の話だ。

外からは、じつに自由な人たちが自由な解釈のもと日々を送っているように見えるだろう。

自由が丘の名に偽りなし、と。もちろん、本人たちは常にいたって真剣なのだけれど。

＊

二〇一一年四月一日、ミシマ社は正式に、京都府城陽市にもオフィスを開いた。

そこへの移動はまったくの偶然というほかない。思い入れがあったわけでも、誰かに頼まれたわけでもない。実際のところ、自分にとって未踏の地だった。

東日本大震災の直後からどこか仕事に集中できる場所がないか、と考えていた。震災から三日後の三月十四日、月曜日の朝ミーティングでぼくは言った。

「東京は被災地じゃない。被災した方々は働きたくても働けない。ぼくたちが今できることは、ふだん通りに働くことだと思う。不安に加担することだけはやめよう」。しかし、それからまもなく福島で第一原発の事故が起きた。不安がいっきに拡散した。そのときふつうに働くためにも、いったん「不安」の空気から離れるほうが、賢明だろう。そう判断した。その日の夕方、たまたま知り合いが空き家をもっているのを知った。訊《き》けば使っていいという。それだけを頼りに、その日の夜のうちに東京を出発し、来た場所だった。

突拍子もない行動と判断。

これぞ、社の原点。

と我ながら思わないでもない。

が、だからといって、ヘンなことが起きていい理由にはならない。なのに、しっかりと、不思議なことが起こってしまう。それは、自由が丘のみならず城陽に来ても当てはまる。

その最たるものが「住み込み」だ。

むろん、その日の朝の時点ではそのような存在はいなかった。住み込みという単語を使うことすら、「ありえない」ことだった。大文字山の「大」の字が「犬」になってました、というくらいに。

だが、その「ありえない」が現実に起きた。ニラ事件のひと月ほど前のことである。

きっかけは、「デッチ」募集だ。デッチとは、世でいうインターンということになるだろう。大学生が、一定期間、企業に通い「仕事もどき」を体験する、あれだ。けれど、学生時代におけるインターンというのが、就活に「役立つ・役立たない」といった二元論に回収されてしまうようだと、つまらないではないか。

ぼくはそういう意思のもと、デッチという呼び名を使うことにした。

もとよりこれは、丁稚《でっち》を語源としている。丁稚とは、戦前までは一般的だった、住み込みで商店などに勤める若い人たちをさす。かつて、そこでは全人的な教育も施されたようだ。その子の一生をみる。それくらいの気概と責任が包含されていたのではないかと想像する。自分の父親も丁稚をしていたことがあるが、父の話からもたぶんにそういう学校的な要素があったのがうかがい知れる（人材を「労働力」としてとらえる現代の一部の企業とは大違いである）。

とまれ、デッチを募集した。デッチとカタカナ表記をしたのは、昭和の住み込み的奉公の雰囲気を消し、現代的な軽やかさを出すためだ。その際、次のような文面をブログにあげた。

デッチは、「ミシマ社から何かを学びたい」「けっこうがっつり働きたい」、そのような方々に来ていただくことになります。

私たちも、学生時代の貴重な時間を「来てよかった！」と思っていただきたいのはやまやまです。

ただし、それはお客様として迎えるというよりも、むしろ逆で、「旅に出るより、ミシマ社に来てよかった！」というふうな「来てよかった！」となることを望んでいます。

つまり、「なんだかよくわからないけど、大切な何かをつかんだ気がする」という感覚を得ていただければ本望です。

ここに書いた通り、対象は学生であり、現に学生限定と謳っている。にもかかわらず、このとき、学生ではない人がきた。

旅人Y、二十歳。全国を徒歩で行脚しようと思い立ち、前年の十一月に故郷岐阜を飛び出した。彼がミシマ社のデッチ募集を知ったのは、奈良県明日香村《あすかむら》に徒歩の旅でたどり着き、通りがかりのおばあちゃんの家に泊めてもらってちょうど十日が経とうというときだった。彼のお母さんが電話をしてきたのだという。「応募したら」と。

なぜ、お母さんがミシマ社に反応したのかは定かではない。募集の文面にひっかかりをおぼえたのだろうか。たしかに、「旅に出るより、ミシマ社に来てよかった！」とは書いた。しかし、ここで「旅」と言ったのは、あくまで「たとえば」の話である。ただ確実に言えることは、子をもっともよく知る親が、わが子にとって「良かれ」と思い提案したということだ。何かを感じとってのことにちがいない。

そうしてやってきたYは、笑顔で言った。「母親に勧められて来ました」と。

内田樹《うちだたつる》先生がよくお話しになる逸話のひとつに、合気道入門の経緯にまつわるものがある。当時、二十五歳の内田青年は師匠を探し求めていたという。しかし、探せど探せど師は見つからず。師と思ったひとが、偽物だったということが判明する。そういうことをくりかえしていた。そんなある日、自由が丘の駅の南口を出た通りを歩いていると、柔道場らしき建物から稽古の音がもれ聞こえてきた。ふと、その窓をのぞくと、稽古をしているひとりに、「どうぞ見学ください」とうながされた。それが、青年が初めて見た合気道の稽古だった。数日後、

「道場の忘年会があるから来ないか」と誘われた青年は、その会にも参席する。そのとき、道場主である多田宏《ただひろし》先生と初対面を果たす。多田先生は青年に訊《たず》ねた。「内田くんは、どうして合気道をしようと思ったのかね」。青年答えて曰《いわ》く、「強くなりたいからです」。師曰く、「そういう理由で始めてもかまわない」。この瞬間、青年のなかで命の炎が燃えさかった。この人こそが師匠だ！

内田先生はそのときのことを、こうふりかえる。

――「そういう理由で始めてもかまわない」という発言は、「本来、そういう理由で始めるものではない」ということなんです。けど、多田先生は、どういう理由で始めてもかまわない、ちゃんといくべき道に辿《たど》りつくから、ということを言外におっしゃった。それまで出会った人は、「それは違う、俺のやり方はそういうんじゃないんだ」という言い方をしました。けど、多田先生ひとり、そういう理由で始めてもいい、とおっしゃった。この方についていこうと思いました――。

ぼくは、この逸話が大好きだ。大好きなあまり、くりかえしくりかえし思い出す。すると、この話がもはや内田先生個人に起きたこととは思えなくなってくる。どころか、ぼくにもこういうことがあったのではないか、とまでいかなくとも、いつか自分もこんなやりとりを交わしたい。ヒーローに憧れる少年のように、そう思いこむようになったとしても無理からぬことだろう。

だから、とはいわないが……。

Yが、「ここに住み込んでいいですか？」と訊いてきたとき、「うん、よかろう」とばかりにうなずいた。

うむ。

「いいよ」と口にしている瞬間も、内心、ほんとに？　と、もう一人の自分がささやいていた。

たしかに、部屋は余っている。なんといっても、ここは京都府城陽市。周りは民家と茶畑が点々とあるだけである。その一角にある「ふつう」の二階建ての民家。一階の一室を本屋さん、隣室をオフィスとして使っているものの、二階は物置程度にしか使えていない。要は、フリースペースに過ぎない。泊まるスペースは十分にある。

だが、スペースがあることと、旅人が「住む」こととはけっしてイコールではない。この理屈を援用すれば、部屋のあまった家庭もしくは会社は、すべからく旅人の受け皿とならなければいけなくなる。寡聞《かぶん》にして、そんな話は聞いたこともない。それとも、トヨタやアップルやソニーにもちゃんと住み込みがいるのだろうか。

それに、この家のオーナーはぼくではないのに……。住み込み可という条件で借りているわけでは、当然なかった。

ときを同じくして、名古屋からもデッチ応募があった。残念ながら、名古屋にぼくたちの拠点はない。京都か東京か、どちらか通うことのできるほうに来てもらうしかない。だが、東京にも京都にも泊めてくれるような先はないようだ。それでも「どうしてもやりたい」と訴えてきた。ではということで、とりあえず一度城陽に来てもらった。会えば、少女漫画に出てくる主人公のボーイフレンド役みたいな顔をしている。目に星が三つほどきらめき、髪の毛は現実離れしたさらさら具合。Nくん。大学四年生になる直前の時期だ。世間では、シューカツまっ盛り。シューカツ推進者ではないが、「卒業後はどうするの？」くらいは訊ねたくもなる。訊けば、その少女漫画から飛び出してきたような整った顔面が猛烈にゆがんだ。

「俺、いきづまってるんっす」

「え？」

「いきづまってるんす」

な、何が？　就活をしているわけでもない。デッチも始まっていない。何も始まっていないこの段階で、何にいきづまってるんだろう？　「なにが？」と訊ねても要領を得ない。ただ、苦悶《くもん》の表情を浮かべるばかりだ。そして吐き出すように言った。

「も、もう……会社つくるしかないんっす。出版社つくるしかないんっす」

そ、そんなぁ。

最終手段として出版社をつくる気なのか。いくらなんでも無茶だよ。そう反論する間もなく、つづけて言われた。

「ミシマさんと同じで。もう、出版社つくるしかないんっす」

な、なんか違う……。たしかに、ぼくもある日、寝ているときに飛び起きるようにして「会社をつくったらいいんだ」と思いついた。その勢いのまま起業した。けれど、ほかに選択肢がないから、という理由でつくったわけではない。さまざまな選択肢を押しのけて浮かび上がった案だった。

この二者には大きな開きがあると思うんですが……。

けど、ま、いいか。YもNも、まとめて面倒みよう。スペースもあることだし。

結局、考えてもしかたないので、いったんそういう結論で落ち着けた。

ま、なんとかなるでしょ。

と思うとともに、ちょっと嬉しくなる自分もあった。

住み込みのいる出版社。

おそらく現代日本において、そんな出版社はミシマ社しかあるまい。そう思うと、わが判断ながら痛快でしかたがないのだ。

出版不毛の地で

二〇一一年四月。城陽オフィス開設と謳ったものの、あらゆることが「前例なし」状態での船出だった。

東日本大震災のあと、たまたま知り合いが空き家をもっているという情報だけを頼りにやってきた地。訪れたこともない土地。しかも、出版文化はほぼ皆無……。出版不毛の地といってさしつかえのない、偶然訪れた地で出版社を営む。

あのころぼくはとりつかれたように、この命題を追いかけることになる。その様子は、「ミーツ・リージョナル」に寄稿した文章によくあらわれている。

突然ですが、ミシマ社は、四月より京都府城陽市にオフィスを開設しました。今後は東京・自由が丘とともに二拠点体制で臨みます（どうぞよろしくお願いいたします）。

さてさて。「なんで城陽やねん！」と、当初から有形無形のお声を頂戴してきた。そのたび、「いやあ、たまたま縁があって」なんてふうに答えている。ただ、そうした偶然性だけでなく積極的理由もちゃんとある。そのことを説明するには、この5年間、「自由が丘のほがらかな出版社」を標榜《ひょうぼう》してきたこと抜きには語れない。自由が丘。そこは、世間の定義では「おしゃれ」と「スウィーツ」の街である。が、ミシマ社の知るかぎりそれはちょっと違う。築50年の一軒家オフィスは木造二階建てで、まさに「おばあちゃんち」みたい。「みーちゃん、みーちゃん」と猫を呼ぶ隣家のおばあさん（推定85歳）の声は、日々筒抜け。近所の白山《はくさん》米店のお母さんが愛情たっぷりに仕上げた弁当で、ほっこりランチ——。そう、ここは正真正銘、「生活者たち」の町。こうした空気を吸って、約30冊が生まれたわけだが、この5年間でぼくは、メディアの活動は生活感覚に近いところですべし、という確信に近いものを得た。

で、城陽だ。こここそ、「生活者代表」の町であり、出版メディアと縁遠かった場所でもある。つまりは、新しい出版に最適な土地。なぜなら、未来の出版に必要なものは、「これまでになかった新鮮な空気」であることは明らかなのだから。城陽という場にすでにある「豊かな空気」をたっぷり吸い込み、新たな出版活動の一歩を踏み出したい。

（「ミーツ・リージョナル」二〇一一年七月号）

生活者の町で出版活動を――。

そしてもうひとつ。

東京以外の地でちいさな出版社がいっぱいある状態を――。

その両方を満たす場所に出版メディアを置くことで、「限界」と言われている産業において、新たな可能性を切り拓いていきたい。

その意味で、城陽はかっこうの実践場所であった。もちろん、世間的にはまったくちがう。たとえば大阪の梅田に行き、「城陽にオフィスをつくりました！」と意気込むと、「は？」と言われる。あるいは失笑される。けれど、ぼくにとっては、先のふたつを同時に満たすのが、彼の地だったのだ。

東京以外の場所で出版活動をするのは、二〇〇九年に「出版百年構想」を掲げて以来の念願であった。けれど、日々の仕事に追われるなか、何のアクションもとれずにいた。東日本大震災のあと、ぼくは「この機にできなかったら永遠にできない」と思った。有言実行のときがきた。そうとらえた。

それで、ぼくを含む五人は二〇一一年三月十五日から十日ほど城陽にいたのち、自由が丘に戻り、O氏とK氏という二人に城陽に残ってもらった。自由が丘との二拠点体制はこうして始まった。

＊

「住み込み」が始まる一年ほど前のことだ。二〇一二年一月末、城陽のオフィスに「ミシマ社の本屋さん」を開店した。もちろんその名の通り、本屋さん。以来、このオフィスは「出版社兼本屋さん」となった。

当然のように、どうして本屋さんを開いたの？　とさんざん人に訊かれた。

きっと、好奇心からのまっすぐな質問にまじって、「東京じゃない地に来て、結局、出版社だけじゃやっていけないの？」という皮肉もなかにはあったと思う。ただ、それと同じくらいには、こうとらえてくれている人たちもたしかにいた。おかしな出版社がまたおかしな「おもろい」ことをしようとしているよ。

事実、ぼくがそう思っていた。

期待とほんの少しの不安と、どんなことになるのか、という純粋な好奇心のすべてが入り混じった心境だった。

都市の郊外に位置する町で、大きなビルがなく、空が近い。近郊には大型スーパーが点在し、商店街が消えた。主に農地だったと思《おぼ》しきところに、新興の住宅地ができている。ときどき、夕陽が息を飲むほど美しい。

城陽は、そういう町である。そしてそういう町は日本中に無数にある。

このように考えると、城陽での活動は必ずしもここだけにとどまらないはずだ。つまり、城陽で出版社が成り立てば、全国どこでもできるという証《あか》しになるだろう。

事実、毎日のように、可能性が切り拓かれていったのである。

閉塞感という表現が聞き飽きたくらいに飛び交い、低成長という言葉がネガティブなイメージとともに使われる。そういう時代にあって、完全にその価値観とは一線を画す世界にぼくはいた。閉塞感もなければ、かといって成長があるわけでもない。どちらか一方、という二者択一ではない世界の入口に立っていた。

その日々を具体的に見てみたい。まずは、「ミシマ社の本屋さん」はどんなふうにしてオープンしたのか。「城陽レポート1　2011年12月15日」(15〜22ページ)のつづきを開くとしよう。

ちょうど正午ごろに「久津川」に降り立ったぼくは、すぐさまオフィスに向かった。オフィスには、営業のKのほかに学生さんが二人いた。

ぼくたちは「家」に入ってすぐの和室で緊急ミーティングを開いた。

お題は、「この畳の部屋で何かしよう。はて、何ができるか？」

「この家広いから、営業の事務所としてだけ使うのはもったいないと思うんです。何かできないかな？」

「そうですね、なんかやりたいです」と学生メンバーのひとりミッキーが応える。

「やりたいです！」ともう一人の学生エリナもつづく。


ちなみにこの学生さんたちは、自称「関ジュニ」こと「関西仕掛け屋ジュニア」のメンバーたちだ。この関ジュニたちはじめ、ジュニアと言われるメンバーたちがミシマ社を陰ながらに支えてくれている。

簡単に説明しておく。

ミシマ社では創業一年経たない段階で、「仕掛け屋チーム」が発足する。何をするのが仕事かといえば、「なんでも仕掛ける」。ときに書店で、ときに社内で、ときにイベントで。そのチームを引っ張っていたのが、キムラモモコという主婦の女性だった。結果、彼女が得意なPOPやパネル作りが仕掛け屋仕事のメインになった。やがてボランティアで手伝ってくれる人たちが現れ出し、気づけば、「出版社を知りたい」と思っている学生さんたちが出版の現場を見る場としても機能しだした。そうして、しょっちゅう通ってくれる人たちも出てきた。いつしか彼らのことを「仕掛け屋ジュニア」と呼ぶようになっていたのだ。

ミッキーやエリナは、その関西チームということになる。城陽オフィス開設から半年ほど経った段階から、関西の大学生からも問い合わせが出てきたので、一緒に盛り上げてもらうようになっていた。

「地元の人と交流できる場がいいよね」

「城陽にミシマ社があるのに、ミシマ社の本は売ってないやないですか」

そうした声がすぐにあがった。

「なら、本屋さんですか？」とふたりの学生メンバーから同時に提案がでた。

「そうやね。本屋さんできたらいいよね」

「私、貸本屋をしたいです！」ミッキーが吠える。

「ほう？」

「子どものころに読んだ本って忘れられないやないですか。けど、子どもが一五〇〇円の本とかそんなに買えへんし、貸本やったら読んでもらえるやないですか。学校の帰りとかに気軽に寄ってもらえるし」

「うん、たしかに」とぼくはうなずいた。

「よし、貸本屋兼本屋さんでいこう！」

わずか五分。

こうして「ミシマ社の本屋さん」は誕生することになった。

「じゃあ、オープンはいつにしよう？」

「あんまり間を置かないほうがいいですよね」

「うん、善は急げというし」

各自、手帳とにらめっこした。今月のカレンダーを見つめつつ、誰もが「さすがに今月は無理だろう」と思った。ページを繰ると、年が変わった。

「これから準備を進めて、今月は大掃除やらで時間ないし、来月末のスタートでいこう」

「おお！」

年末年始を挟んでほぼ一カ月後の開業をめざす。

ちょうどそのとき、関ジュニ唯一の男子学生マツジュンが遅れてやって来た。マツジュンが「遅れてすみません」と言うやいなやミッキーは言った。

「マツジュン、決まったで。来月から本屋さんやる」

へ？

状況が呑《の》み込めないマツジュンをよそに、テンションが上がったメンバーたちはどんどん話を決めていった。

お店の名前は？　やっぱりミシマ社がやるんやし、「ミシマ社の本屋さん」がいいんちゃう。

――採用。

開店日はどうしよう？　ジュニアメンバーが二人以上お店に来れる日にしたら。そうやね。

――採用。

運営方法は？　お金の管理は？　お客さんカード作らへんか。そうしよ。

……そんなふうに、瞬く間にあらゆることが決まっていった。

数時間後には、「これでスタートできる！」と確信するに至った。

その場にいながら武者震いを起こしそうなほどの感動をおぼえた。頼もしい学生メンバーたちを前に、すごいことが起こりつつある興奮を抑えられずにいた。

東京でしか出版の活動はできないと思っていた。けど、まったくそんなことはない。目の前でいきいきと輝くこの学生さんたちを見たら、東京の第一線で働く人たちはみなびっくりするだろう。ここは人材の宝庫ではないか、と。

そうだ、きっとそうなんだ。事実、ここは人材の宝庫なんだ。けど、なにもここだけが宝庫なわけではないだろう。おそらく、日本中どこもかしこも、潜在力にあふれている。ただ、そこにそうした若い力を活《い》かす場があるかどうか、だけなのだろう。

城陽に来た甲斐《かい》があった。

これだけ素晴らしい可能性に満ちた若い人たちに会えただけでも。

＊

城陽プロジェクトが、好奇心とセンスあふれる若者たちの支持を得て、動き出した。

二〇一二年一月三十日、予告どおり、「ミシマ社の本屋さん」はオープンした。玄関右手にある畳部屋が「本屋さん」になった。近所で拾った本棚と、借りたときから置いてあった低いテーブルがいわゆる「棚」。その棚に、関ジュニが「出版社名」を手書きした紙をぶらさげ、出版社別に本たちを並べた。ちなみに、そのとき並べさせてもらった出版社は、サウダージ・ブックス、ナナロク社、夏葉社、河出書房新社、リトルモア、プランクトン、140B《イチヨンマルビー》、ルーツブックスなど……。直接取引をして、仕入れさせてもらった出版社の本たちが一〇〇冊程度だが並んだ（その後、筑摩書房、ｋａｌａｓ、アルテスパブリッシング、春風社など、じょじょに取引出版社は増えていくことになる）。そして、襖《ふすま》一枚隔てた隣のフローリング部屋は、あくまでもオフィス。こうして、お客さんが来るたび「友だちん家《ち》に来たみたい」と言われるようになる本屋さんが誕生した。たしかに靴を脱いで入り、膝をついたり、腰をおろしたりして本に触れる本屋さんなんて、そうそうあるものでない。

「これまでになかった新鮮な空気」が吹き込み、可能性が着実に拓かれていった。しかも拓かれたのは、プロジェクトの可能性のみならず、ぼく自身の視野も広げてくれた。

このころぼくは、自由が丘と城陽を頻繁に往《い》ったり来たりしていた。城陽にいるときには、当然、本屋さんの店番をつとめた。夜はそのまま城陽オフィスに寝泊まりすることもあった。そして、お店当番をしているうちに、はじめてぼくは「お客さん」と出会うことになる。

いわゆる「読者」と呼ばれる方々だ。

恐ろしい話だが、そのときになってようやく気づいた。それまでは、「読者」の顔を知らずにただ本をつくっていたのではないか……。そんなふうに考えると、顔のない何万人という記号のタワーが、いつもぼくの前にそびえたっているように思えてきた。

＊

当初、「初めて、この町に降り立ちました」という声が圧倒的だった。そりゃそうだ。ここはベッドタウンである。そこに家があるわけでもなく、仕事場があるわけでもなく、友だちがいるわけでもない場に、人はめったに訪れない。ある作家さんが、「降り立ったことがない駅だったから」という理由で降り立ったそうだが、きわめて例外といえる。なにせ各駅停車しか停《と》まらない「久津川」という駅が最寄駅なのだ。そんなところに、平日、誰もがふらっと立ち寄れるわけではない。ときには、何本も何本も電車を乗り継いで数週間連続で来てくださる方や、営業の空いた時間に「ついに来ました」と言って訪れてくださる方もいる。

そんな場所ではあっても、毎日お店を開いていると、近隣の方々にも少しずつ認知されるようになる。常連さんもぽつぽつと来られるようになった。

ある日、大阪から数本乗り継いで来てくださった女性客が、大量の駄菓子を持ってきてくれた。

「駄菓子屋さんみたいな貸本屋さんにしたい、と言ってらしたでしょ」

関ジュニたちとこの本屋さんの最初の打ち合わせのときに話したことを、新聞記事で読んでくれていて、それを受けてのお土産だった。その量たるや、とても社員三人と関ジュニたちで食べきれるものではない。ぼくたちは御礼を述べつつ、お客さんにも食べていただいていいかと訊ねた。その女性のお客さんは、「どうぞどうぞ」と快諾してくれた。

その日以来、駄菓子がわんさか入った箱が本屋さんの一角に置かれるようになった。

貸本屋兼本屋、駄菓子はどうぞご自由に——。「ミシマ社の本屋さん」は、運営している自分たちが驚くくらいののどかな本屋さんになっていった。

それから数日後、近所の小学生たちが学校帰りにやってきた。十人ほどの子どもたちが、「本屋さん」の前でなにやら屯《たむろ》している。

「どうしたん？　入ってきいや」

そのとき店番をしていたミッキーが声をかけた。すると、男の子の一人が言った。

「学校の帰りに寄り道したらあかんねん」

隣にいたぼくもぶったまげた。よ、寄り道って？

「ここ、普通の家やし、寄り道ちゃうやろ」

「けど、お店やし寄り道や。学校の先生にあかんて言われてるねん」

うーむ。

先生からのお達しとあらばしかたないか。けど、子どもたちが「寄り道」してでも寄っていきたくなる場でありたいな。そう思うと、やはり残念な思いが残った。

「また来るわ」

まるで友だちにさよならを言うようにして子どもたちは去って行った。

数日後、男の子グループと女の子グループが別々に来るようになった。

「こんにちは」と言って入ってきたものの、男の子グループは、たいてい本を見るでもなく何かそわそわしている。ぼくが、「そこにある駄菓子、食べていいよ」と言うと、少年たちの目が瞬時にして輝く。「ええの？」そう言うやいなや箱に飛びつく。その後、男の子たちは何度か来たが、来るたび、本を探るそぶりを見せつつ、数分もたずにそわそわしだす。お許しを待つかのように、「おかし食べたら？」と言ったとたんに飛びつくのだ。そしてむさぼるように食べ、食べ終わるとすぐに、「また来るわ」の言葉を残して去っていく。一方、女の子たちは、静かに本を読み、一冊読み終えると「ありがとうございました。また来ます」と丁寧に言って家路につく。

こういうことが平日のお昼から夕方にかけて起こる。

本屋さんでの時間は、編集の仕事をしている時間と、とりわけ東京での時間と完全に異質のものとなっていた。歩を進める方向は前方しかないと思っていたら、真横にも真後ろにもスペースがあって、どちらに進んでもよかった。きっとこれまで足元を見ることなく進んでいたのだろう。

ビジネスというとらえ方では完全に見落としてしまうところに横道はあった。必然、その横道をどれだけ進んでも、儲《もう》けにはならない。よく売れた日で、せいぜい一万円。七掛けで仕入れた本だと、儲けは三千円にすぎない。平日毎日お店を開けたとして、そのペースで売れても、月に六万円。もちろん、毎日一万円も売れるなんてことはありえない。くどいけど、各駅停車しか停まらない郊外の地、それも「友だちん家」みたいな本屋さんなのだ。ただし、友だちん家に来たときのように、滞在時間は平均一時間を超える。儲け最優先では実現しえない贅沢《ぜいたく》さと貴重さ。

ぼくは本づくりとは別種の喜びをおぼえずにはいられないでいた。

少しおおげさにいえば、出版社の原点にすこし近づくことができた気がした。

その「原点」とは、かぎりなくシンプルにいえば、「つくる」から「届ける」までに距離がないことをさす。熱量そのまま、アツアツの一品をその場でお届け、というわけだ。

サイン会やイベントという特別の場ではなく、日常の延長上の行為として本屋さんに足を運んできた読者の方々が、自分たちのつくった本や他社の編集者たちが入魂してできた本たちを手にして目の前で喜んでくださっている。無限を思わせる蔵書の森をさまよい、「一冊」と出会うのが本屋さんに行く楽しみのひとつである。間違いなく。けれど、本屋さんの楽しみはそれだけではない。数えるほどしか本が置いていない本屋があってもいいはずだ。自分たちが目利きとなって、ここに来る人たちが気にいってくれるのでは、と考えて仕入れる。本の多さに圧倒されるなんてことはない。その代わり、全蔵書を「座り読み」して把握することができる。そうして観《み》て触れて選ぶ一冊。その一冊を手に取って目の前で顔を輝かせてくれている。

そこには消費者的姿は皆目ない。お金を媒介にお客さんとお店が結びついているというより、畳部屋という場そのものを互いに共有している。サービスを与える者、受ける者という関係性からはけっして生まれない空気が漂う。それは、おおげさにいえば、生命力そのものであるかのような空気である。富山の氷見《ひみ》で寒ブリの刺身を舌に載せたときのような、体験ダイビングで初めて熱帯魚たちを見たときのような、小学校に入って初の授業参観日に「はい！」「はい！」と思いっきり手を挙げたときのような。

（城陽レポート2　2012年5月10日）

この年、気づけば、ぼくは城陽を各地でアピールしていた。

「みなさん、城陽をご存じですか？」――東京・下北沢にできたばかりの書店B&B（ブックス&ビア）のイベントにて。

「ところで、城陽を知っているという方？」広島にて。――数人の挙手。

「おお～、知ってますか！　抱きしめたいほど嬉しいです」――仙台にて。

「城陽をご存じの方いますか？」――しーん（山形のとある大学での反応）。

「城陽を知っている方？」

「城陽！」「城陽？」「ＪＯＹＯ！」「じょうよ？」「じょ……」

あなたは城陽親善大使ですか。そう訊ねられてもおかしくないほどにＪＯＹＯを連呼した。まるでこの地だけが出版の未来であるかのような声量で。

宣言

今からちょうど一年前の二〇一二年四月末には、自らの拠点までも城陽に移す。自らの身を投じることで、城陽では動かせずにいた編集のほうの仕事を切り拓こうと思った。それまではあくまで自由が丘オフィスの営業拠点でしかなかったのだ。

十四年ぶりに関西人となった。東京都民から関西人になるにあたり、いわゆる「街」の人になるのではなく、城陽市民という「地方」の人になったわけだ。

もちろん、そのときのぼくは意に介していなかった。城陽への引っ越しはむしろ自然な流れだと思っていた。

実際、不便はないですか？　とインタビューなどで訊かれるたび、「いいえ、まったく」と答えた。それは次のような理屈であった。

「むしろ、生産性はあがったような気がします。だって、ほんの少し冷静に考えてみてください。会社で社員旅行に行こうというとき、あるいはチームの結束を高めるための合宿をしようというとき、ビーチや温泉地が選ばれるのはどうしてでしょう？　いうまでもなく、そのほうが身体が喜ぶからです。けど、それって裏を返せば、ふだんの職場は身体が喜ぶような場ではないということです。少なくとも、身体性の何かを抑圧する環境下にある。それはやはり不自然なことではないかとぼくは思うのです。普段から身体感覚が解放された状態で働いていればいい。そういう意味で、いまの環境は悪くありません。なんたって、古代の人たちが古墳をつくった場所にあるんですから。生と死の循環のど真ん中にいるわけで」

自分で言っていて、なるほど、と思った。ものづくりが対象に生命を吹き込む行為であるとすれば、生と死の循環する場はそれをおこなうのに最適の地といえるかもしれない。

たしかに、その時期のレポートも、この発言を裏付けているようにも見える。

引っ越し翌月には、積年の宿題であった『小田嶋隆《おだじまたかし》のコラム道』が出る。かれこれ、五年の歳月を要した一冊である。途中、さすがのぼくも（ねばり強さだけには自信があるのに）あきらめそうになった。企画してから二年ほど経った段階で、完成まで残すところ数コラムとなった。この調子でいけばあと数週間で全原稿がそろい、数カ月後の発刊が可能となる。ぼくたちはそう判断して、書店さんへの営業を開始した。もちろん著者もその気だった。ところが待てど暮らせど原稿はピタリと止まった。小田嶋さんにも何度もお会いし、電話をかけ、催促をした。そのたび心強い返事をもらった。「必ずやります」

そうして三年が経過した。

ふつう、「そうして」三年は過ぎないものだ。けれど事実、経過した。正直なところ、ここに引っ越してくるとき大きな宿題を置いてきた気がしてならなかった。いよいよ、お蔵入りになるのか。そんな不安がよぎったこともある。ところが、引っ越し後すぐに一本原稿が届き、その数日後に最後の一本が届いた。ぼくはひそかに「城陽の奇跡」と名づけた。

また、七月には、内田樹先生と二人三脚で積み重ねてきた「街場シリーズ」の最新作『街場の文体論』が発刊された。ミシマ社での「街場シリーズ」は、『街場の教育論』以来、三年半ぶりの新作となった。『街場の教育論』はミシマ社最大のヒット作であるのみならず、ぼくにとって座右の一冊であり、あまりにくりかえし読んだためもはや身体の一部と化している。今回の『街場の文体論』はそれに勝るとも劣らない内容だった。読む者の生命力を高めてやまない、こういう名著を自社から出すことができ、ぼくは深い感謝の念にひれふすばかりだ。そしてこの本を出せたことは個人的には、十四年ぶりの関西生活を神戸の内田先生が歓迎してくださっているようにも思えた。その意味でも本書は、「城陽来迎の宝珠」である。

その翌月には、「ミシマ社編」となる初の本『THE BOOKS～365人の本屋さんがどうしても届けたい「この一冊」』を出した。ミシマ社編とは、文字通りミシマ社のメンバーが編集してできた一冊である。特定のひとりの著者がいるわけではなく、ミシマ社のメンバーがときに書き、ときに編集者になるという形で制作する。この本の場合、ミシマ社が通常お取引をしている全国の書店員さんに「この一冊」と「その次に読む一冊」をコメント付で選書してもらった（ミシマ社は、取次という卸の会社を介さず、書店さんと直取引をしている。それゆえ、顔の見える取引であらねばという思いが強い）。「この一冊」のほうは、キャッチコピー的な手書きの一文も書いていただいた。毎日一冊という考えのもと、北海道から沖縄まで、懇意にさせていただいている書店員さん三六五名の方々に。もちろん、泣く泣く三六五名の方々にしぼらざるをえなかった。地域が重ならないようにしたり、同列チェーンの方の登場は抑えるようにしたり、ジャンルごとに担当の分かれる大きな書店さんでは、ひとりの担当者にしぼらざるをえなかった。それでも、北から南まで素敵な本屋さんの素敵な生の声が一冊に詰まっているのは、夢のようにわくわくすることだった。先日、完成した見本を手にしたときの感動は、いつにもまして大きかった。

『THE BOOKS』は社内的に見ても、エポックメイキングな一冊となった。その最大の理由は、全員が編集にかかわったことにある。これまでは著者の方々（たとえば、内田先生や小田嶋隆さん）と編集者である私という関係のなかで一冊が生まれていた。ミシマ社は全員全チーム。当初より、そう謳ってはいたものの、実際の本づくりをするのは、私とのちにフリーランスになったOさんが中心だった。企画会議をみんなでおこなったり、ウェブ雑誌の編集の一部を手伝ってもらったり、それくらいしか編集面での関わりはなかったのだ。しかし、『THE BOOKS』の編集の主体はむしろぼく以外のメンバーだ。日々、営業として関わらせてもらっている書店員の方々への依頼、そしてそのお店の特長を記すことができるのは、彼らをおいていないのだから。ぼくは雑誌でいう編集長、プロジェクトにおけるディレクターの役目を担った。「ほぼひとり編集者」としてやってきたぼくにとって、これは初めての経験だった。途中、何度も「おいおい、今ごろ、そんなところを校正してるの……」といった苛立《いらだ》ちをおぼえたが、出来上がってみれば、三六五名の書店員さんと自分を除くメンバーたちでなければ実現しえなかった仕上がりとなった（タイトル会議で営業のKが『ブック・ブック・こんにちは！』というタイトルを推して譲らないという場面は余興としても）。とにかく、メンバーにとっても、編集の過程を初めて体感でき、それが一冊という形になったわけだから、それは喜びも格別だっただろうと思う。

おそらくぼくが自由が丘にいたら、もっとコミットしていたはずだ。そうしたら、よくも悪くもまた違う出来になったにちがいない。だけど、ぼくは出来上がったこの形こそが、「ミシマ社編」による『ＴＨＥ　ＢＯＯＫＳ』だと思っている。その意味で、城陽にぼくが来たからこそ生まれた一冊といえる。

だからぼくはひそかにこの本を「城陽の申し子」と呼んでいる。

こうして、「城陽のカミの子たち」にひっぱられ、城陽に来てからもとりたてて支障のない編集生活を送ることができていた。このカミの子たち――『小田嶋隆のコラム道』『街場の文体論』『ＴＨＥ　ＢＯＯＫＳ』――は、いずれも発刊即重版をかけることができ、経営的にもとてもいい流れのうちにある。

東京という場を離れてもやっていくことができる！

（城陽レポート３　２０１２年８月10日）

「本屋さん」が動きだし、「城陽のカミの子たち」も生まれた。たしかにプロジェクトは進行していた。

その年、自由が丘の本社と城陽を往ったり来たりの日々をおくるままに暮れを迎える。

年が明けて二〇一三年一月二日。

両親の住む石川県から戻ってきてすぐに、ぼくは新年の決意をツイートした。

「都市部でもなく、かといって風光明媚《ふうこうめいび》でもない土地。ところどころ自然があり、そこそこの便利さはある。これが日本の大半であり『ふつう』。ここにプラス『何か』が加わること。それが日本の可能性だと思う。城陽で出版社をやる意味はそこにある。『何か』とは何か？　文化という言葉を使わず実現したい」

あらためての城陽での出版活動宣言。

どこからどう見ても、そのはずだった。

ところが……。

それから一週間あまり経ったタイミングで衝撃が訪れる。年末に発刊した『飲み食い世界一の大阪～そして神戸。なのにあなたは京都へゆくの』の著者・江弘毅《こうひろき》さんと、阪大医学部のスーパードクター仲野徹《なかのとおる》先生との発刊記念対談の日だった。会場である大阪のジュンク堂本店に着き、営業のKと合流し、雑談をしていたときだった。突如、ある絵が自分の瞼《まぶた》の裏で展開した。

「京都市内にオフィスを移そう」

それは揺るぎのない衝撃をもって迫ってきた。約七年前、「出版社をつくろう」と寝床で思いついたときと変わらぬほどの輝きをともなって。

とたんに、絵がどんどんと動きだした。京都の街中《まちなか》にオフィスがあることで、有象無象がぐるぐる回り出す映像をはっきりと見た。

しかしこれは、一週間前の宣言撤回、急転換も甚だしい着想にほかならない。同時に、事実上の城陽プロジェクトの失敗をも意味していた。

――ひとりのお客さんも来ない日々。来ない電車。著者の方との打ち合わせをたった一人ともおこなえないで終わる一週間。調べものがあっても街中へ出るのに一時間……。自由が丘メンバーとの情報共有の困難さ。切れる音声、切れるスカイプ映像。切れるぼく。

城陽レポートに書くことはなかった事実が次々に目に浮かんだ。

そうしてようやくひとつの可能性に思い至った。

流れていると思っていた流れは、表面でしかなかったのではないか？　底では流れずにいたもろもろが、滞留したままだったのでは？

こうした可能性もまた現実だった。上のほうしか流れえない小さな川は、すでに氾濫寸前だった。それを感じられないまでにぼくの感覚は鈍化していたのかもしれない。

II

あの震災の直後は、われわれの仲間が一時続々と京阪に安住の地を求める形勢が見えたが、それもほんのその時だけの避難に過ぎず、関東の余震がいまだ全く静まらない間に早くも一人減り、二人減りして、皆いつの間にか引き揚げてしまった。（略）われわれの仲間が関西の地を見捨てるのは、東京にいなければ作家の生活が営みにくいという事情が主な原因であって、昔の江戸っ児のような反感が動いている訳ではなかろう。（略）それにつけても凡べての作家が郷土を捨てて東京へ志すのは、大きくいえば日本文学の損失であると考えられる。

（谷崎潤一郎「私の見た大阪及び大阪人」）

二〇一三年三月末、結局、城陽から京都市内へオフィスを移すことになる。それは、「日本のふつう」と謳った地での活動が実質的に終わりを告げることを意味した。

多大な労力とリスクを背負って出発した出版活動の終焉《しゅうえん》。

この責任者たるぼくは自問しないわけにはいかない。

城陽プロジェクトとはいったいなんだったのか？

実際のところ、京都市内に移ったとたん、いろんなことが動き出していっている。堰《せ》き止められていた川の流れがいっきに流れだすようにして。

では何が流れを堰き止めていたのだろうか。

彼の地での出版社の活動はそもそも無理だったのだろうか。

なぜ、最初から京都でなかったのか。大阪や、個人的にも好きな街である福岡なんかのほうがよかったのではないか。

撤退という厳然たる事実を前に、ぼくはどう考えたらいいのだろう。

東京以外の地で出版社を——。

それは「出版不毛の地」では所詮無茶なことだったのだろうか。

自分でもまったくわからない。

まったくわからないまま、日々を送っている。

けれど、このままわからないまま漫然とやり過ごすよりも、たとえわからないままであっても、探る努力だけはしてみたい。そう思ってこの数カ月、くる日もくる日も、この間のわが行動をふり返った。すると、いろんな仮説をもとに動いていたようにも思えてきた。しかしその行動は、自由に基づいているようでいて、その実、自らの仮説にがんじがらめにされたような窮屈なものだったような気もする。

どうやら大義を問う以前に、自分の行動に含まれる矛盾に目をやらねばならない。つまり、東京以外の地での活動に未来があるかどうか、を問う前に、城陽プロジェクトそれ自体を問い直す必要がありそうだ。

（二〇一三年六月記す）

仮説1・そこが快適だから

再度、問うことにしよう。

どうして城陽だったのか。

今から思えば当事者のぼくでさえ、立地、利便性、環境、あらゆる点において、合理的な理由を見つけるのがむずかしい。

ただ、気に入っていたことはたしかだ。人口の密集度ははるかにうすく、その分、人もギスギスしていない。要は、快適だと思った。快適ゆえに仕事もうまくいくだろうと考えた。この判断には、彼の地にいけば儲かるからとか、人口が増えているから（むしろ減少している）、といった経済的要素は皆目ない。

快適一本やり。

思い起こせば、少年時代から田舎好きだった。祖母の住む石川県小松《こまつ》市という小さな町に、夏休みのたびに母と帰った。ぼくはその町が好きだった。海があり、水がおいしく、空気にはミネラルが含まれている（もちろん、少年がやんちゃをするためのミネラルである）。力のかぎり遊んでも、自然がやさしく包み込んでくれた。遠慮しながら遊ぶことを強いられる都会では、どうしても子どもは力をもてあましてしまう。

「大きくなったらここに住みたい」

それを聞いたおばは、「変わった子やねぇ」と言った。「こんな、なんもないところに」と。ぼくはおばの言う意味を理解できなかった。金沢という観光都市のすぐ隣にあり、空港があるという利点を除いては、これといった特徴はない。勧進帳で有名な安宅《あたか》の関があるところ。裏を返せば、それ以外の対外的名所がない。こうしたことを指しての発言だったのだろう。けれど、子どものぼくは、いっぱいある、と思った。海があり、おいしい魚がいっぱいあり、大きなカエルが小川や田んぼにいっぱいいて（夏の夜は牛蛙《うしがえる》のコーラスだ）、迷ったウミガメがときどきあぜ道をさまよう……これほどの贅沢があろうか、と。

もうひとつ、「快適一本やり」という理由で判断し、行動するようになった背景には、会社の原点である自由が丘での前例がある。その前例を、知らず知らずに敷衍《ふえん》していたのだと思う。

少しだけ自由が丘のオフィスについて話してみたい。

会社をたちあげた直後のオフィスは、デザイナーズマンションの一室だった。内覧時、ひと目見て、かっこいいと思った。それに、長時間いても不快な感じがしないようにも思えた。外に面した窓が全面ガラス張り。北側に面していたものの、道をはさんだ建物が低かったので、四階の一室には十分な光量がそそぎこんできた。ドアを開けた瞬間、明るい、と感じる。そういう空間だった。

ただし、問題がひとつだけあった。それはトイレである。

トイレもまた、全面ガラス張りだったのである。近ごろの建築デザイナーのおしゃれは徹底している。実用性よりも見た目優先というわけだ。

だが、それはやはり使いにくい。

とくに女性のお客さんが来たときなんぞ、「どうぞどうぞ」とは言いにくい。

そこでぼくはガラスに目隠しシートを買ってきて貼《は》った。当然といえば当然の行為だ。

だが、これで一件落着、とはいかなかった。

トイレに入る。便座に腰かける。用を足し、ふーとひといき吐《つ》く。そうしてふと洗面所のほうへ視線を向ける。すると、オフィススペースのデスク前に座った男と視線がバチリとぶつかる。目隠しシートは、立った地点からの視線しか隠してくれなかったのだ。便座に座った位置とデスク位置の視線が、目隠しシートと壁のあいだのガラス越しに、ちょうどぶち当たった。しかたがないので、そのあいだに絵ハガキを並べた。端と端が重なるようにして、隙間ができないようにした。それでもときどきずれてしまう。ちいさな隙間がどうしても生じてしまう。その隙間の向こうに人影がちらり、ちらり。ぼくたちはそうした緊張感のなかで働いた。そして便をした。

一軒家に移ってからは、そんな不毛なストレスはなくなった。入居した当初、殺風景だった築四十九年の木造二階建ての家は日に日に生気をとりもどしていった。

日々、集い、話し、お昼ごはんを食べ、打ち合わせをし、原稿を読み、たまにいがみ合いをし……こうした一連の動作と呼応するように、家が活気づいていくのが目に見えた。その年の秋には、庭の柿の木に、大量の柿が実った。このようにして家や空間が活気づくと、それにつられて、人も元気になっていく。

人がそこに愛着をもっているだけで家は生気を帯びてくる。ぼくたちの場合、その愛着のひとつのあらわれが、ちゃぶ台だった。

丸いちゃぶ台——。

これは、学芸大学駅から歩いて十分ほどにある古道具屋ＯＴＳＵでぐうぜん見つけた。見つけた瞬間、これだ、と思った。それは理想的な円形だった。

全室畳敷きのオフィスに、ぴったり。「ちゃぶ台」を囲んでいれば、自然と和んだ空気になる。企画会議をしていようが、営業の販売ミーティングをしていようが、お昼ご飯を食べていようが。

「まあ、ここはひとつ丸く収めようではないですか？」

昔の人たちはこう表現したけれど、対立してしまった何かを収めるには、丸くじゃないといけない。だからきっと、日常の随所に、丸くするための丸いアイテムがあったにちがいない。ちゃぶ台もそのひとつだと思う。

そこにあるだけで、和をもたらし、場を円滑にする。平和の使者であり、場を仕切る存在でもある。その意味で、ちゃぶ台が自社を陰で支えている、そういっても過言ではないと思う。

とにもかくにも、家はひとつの生命体であることを実感した。

しかし、副産物がくるとは思ってもみなかった。

活気づいたのは家と人間だけにとどまらなかったのだ。

気づけばねずみも寄っていた。

夕方六時を過ぎると、ぼくたちの頭上でねずみの大運動会が始まったものだ。カサコソ、カリカリ、ドタドタ！　ときどき、消しゴムやらを天井に投げつけて、警告を発したが、ねずみはとんと気にしたそぶりを見せず走りまわった。

じょじょにねずみは増長した。

二階の打ち合わせ室で、ある著者と話をしていたとき、その方が「あっ、ねずみ」と叫ばれた。目を窓のほうに向けると、ちょうどねずみがベランダを走り抜けようとしていた。ねずみは、ベランダから庭の柿の木へと飛び移った。

またあるとき、打ち合わせをしていると、「おお！」と驚きの声があがった。その方の視線を追うと、柿の木にねずみがいる。小さな手には柿の実があり、カリカリカリと齧《かじ》っている。窓に近づいても逃げもしない。ずいぶんと堂々としたものだ。

やがて、ダニまで出だした。女性メンバーからは訴えがきた。あまりにかゆいため、気づかないうちに掻《か》いてしまい、肌がものすごく荒れてきた、云々《うんぬん》。

事ここにいたっては退治するしかない。代表として、ついに、判断をくだすことにした。

「猫を飼おう！」

ねずみの苦情をもらすたび、いろんな人から猫を飼えばいっぱつでいなくなるよ、と聞いてはいた。けれど、ペット禁止で借りた一軒家だったため、それができずにいたのだ。けれど、これだけねずみの被害が出てしまっては、こそっと飼うのもやむをえまい。そう考え、猫をゆずってくれる方を探した。自由が丘には、捨てられた子猫を守る会があって、ちゃんと育てる覚悟をもった人へ子猫をゆずっているようだった。そういうところへも話を聞きにいき、はやく猫に来てもらおうと考えていた。その矢先、ミシマ社の社員第一号である営業のワタナベからメールが来た。それはとてもとても長いメールだった。ここでは要旨を抜粋するにとどめたい。

「私は四歳のとき実家の近くで猫に嫌がらせを受けました。それ以来、猫はどうしても受け付けません。猫だけは絶対に許せない。私にとってはそういう存在です。これまで何も言ってきませんでしたが、私は、猫を飼うことだけは何がなんでも反対します」

それを読んでまず最初に思った。

猫を探し出す前に言いなよ、と。もう飼う気になっていたのに。

これで、選択肢はふたつになった。

猫か、ワタナベか——。

両者を天秤《てんびん》にかけ、究極といっていい選択をせまられた。結局、苦渋の末に決断した。

(猫はあきらめよう……)

ねずみ対策は、ふりだしに戻ってしまった。もちろん、その間にも着々とねずみの侵略は進んでいた。一刻を争う事態へと発展していた。

これまでできるだけ穏便な措置をとりたいと考えていたが、四の五の言っていられない。自力での解決を捨てた。

「駆除じゃ！」

十万円ほどかかるとのことだったが、やむをえない。駆除の専門業者に助けてもらうことにした。

業者からは、家が古すぎるため完全駆除はむずかしい、おそらく、いつかまた出るだろうと言われた。対策として、二階の木床の一角に穴を開けてもらい、ときどき畳をあげて光をその角穴から入れるように助言を受けた。そうすることで、人間の気配を察知したねずみは、そこに棲《す》むことをやめる確率が高まるとのことだった。

実際、その後、駆除から一年ほど経ったころ、再びねずみが出だす。

それで言われたとおり、畳をあげてみた。すると、ベランダをねずみが走っていくのが見えた。射《さ》し入れた光をねずみはいやがって退散したのだ。

けれど、残念ながら永遠の退散とはいかず、その後もねずみはときどきやってきている。

プロの言うとおりだった。結局のところ、「完全」駆除などありえないのだろう。

だから、古い家はたいへんだ、というようなことを言いたいわけではない。むしろ逆だ。

ぼくは、一連のねずみ退治を通じて大切なことを学んだ気がしている。

それは、ねずみは永遠に排除できないということだ。だから、いかにそれとつきあうか、というふうに思考を転換するしかない。

もちろん、ねずみそのものだけを指して言っていることではない。

ねずみ的なるものとの共存。

これは、仕事をするうえで、生きていくうえで、とても重要な構えなのではないだろうか、とさえ思うのだ。

＊

かつて、ねずみ的なるものとの共存とは無縁のオフィスにいたことがある。

そこは東京の都心部にある高層ビルの十一階にあった。その複合ビルには十数社がオフィスを構えていた。十台ほどあるエレベーターのどれかに乗り、オフィスへと向かう。エレベーターの箱のなかに入ると、さまざまな国籍のさまざまな人たちと一緒になる。多くは無言である。ときどき言葉を交わす人がいるが、英語であることが多い。そういう人たちは不思議とみな、コーヒーカップを片手にもっている。十一階までのあいだに、ぼくの呼吸は浅くなる。密室にて、見知らぬビジネスパーソンたちと無言ですごす。気圧の変化を体感する。その時間、身体はどうしても麻痺してしまう。エレベーターを降り、オフィスのほうへ歩を進める。扉の前で立ち止まる。社員証兼用セキュリティカードをかざす。かざさなければ、入ることができない（たかだかトイレに行って戻ってくるのにも要る）。ピッという音がしたら扉を開ける。席に座る。オフィスの窓は全面ガラス張り。窓の近くへ行けば、東京を眼下に望む。ほぼ全方位、空。そして下方には東京の街。もちろん、街には市井の人たちがいる。その人たちを、いま自分は見下ろしている。いつから自分はそんなにえらくなったんだろう？　ときどき吐き気をおぼえる。気密性の高さと建物の高さの両方に対して。地に足がついてない。文字通りに。なんだか不自然じゃないか。自分はワーキングロボットか。人間でいることを許さないような空間設計ではないか。

不快なもの、敵対するもの、危険因子、そうしたすべてを排除しよう。自分のコミュニティはゲイトで囲んで、よそ者が入らないようにしよう。

言い換えれば、ねずみ的なるもの一切を追い出す——。

ぼくが以前嫌悪したこの傾向は、どんどん強まっているように感じている。けれど、それをし出せば、いたちごっこが待っているだけだ（関係ない話だが、ねずみはいたちが大の苦手）。排除してもまた現れ、ふたたび排除を試みるもまた現れる……。

自由が丘オフィスでのねずみとのやりとりで、そのことを痛いほど学んだ。

すべてを排除することはできない。けどできるだけ来させないようにはする。

そのために、結界をはらねばならない。

結界といっても、ぼくは陰陽師でも祈禱師《きとうし》でもないので、印を結んで結界をはるようなことはできない。けれど、先ほど述べたように、畳を定期的にあげる、ベランダから柿の木へとねずみが飛び移れないように木の枝を切る。キッチンを日々掃除する。襖《ふすま》や引き戸をちゃんと閉めてから帰る……。そうした具体的な策を講じることで、結界は張られていく。とぼくは考える。

ほどよく隙間があり、風通しがよい。だからといって、外敵に荒らされることはない。不快なるものとのゆるやかな共存。

そのような環境を、「ねずみ的なるものとの共存の形」と名づけた。

こういう考えは、完全排除ができるということを前提にする昨今の風潮と正反対かもしれない。けれど何度も言うが、完全なる排除なんてありえない。「そんなことはない」「できる」と言う人がいるとすれば、ただ感じえないほどに感度を落としているだけだと思う。

嫌なものはどうやっても嫌だし、我慢すると、嫌さを感じないように感覚を知らずに鈍らせることになる。ねずみ的なるものとの共存とは、我慢を強いるやり方ではいけない。

だから、我慢もせず、排除もしない。なんとかやりとりしていく。

その意味では、先のワンルームマンションにおけるトイレも広義の解釈をすればねずみ的なるものとの共存であったといえなくもない。

ともあれ、彼の地をぼくが快適と判じた理由は明らかであろう。

たしかにそこはねずみ的なるものの条件に合致していた。

一軒家であり、無駄なスペースもあり、開放感もある。出版社に不必要なほどに光がさしこんでくる。どこからか猫がやってきては、オフィスのソファでくつろぐこともある。「住み込み」もきた。住み込みは隙間のないオフィスではけっして生まれないはずだ。

城陽の一軒家オフィスは、ねずみ的なるものとの共存に見事なまでに適していた。

だから、ここに来た。というのはさすがに無理がある。なぜなら、城陽という土地がどんなところかも知らなかったのだ。震災後、たまたま空き家だった空間を借りたにすぎない。

つまり、結果的にそこがねずみ的なるものを持ちあわせた場所であったというだけで、最初からそれを求めて来たわけではない。

それに、「そこが快適だから」という理由だけでいえば、心身の奥底から快適と感じる場所はほかにある。

たとえば瀬戸内海の島々と、それを眺む四国や山陽の町々。九州の各地。もう、ただ、そこにいるだけで全身から活力が湧いてくる。ねずみ的どころではない。幼児の生命力のような原初的力を与えてくれる。残念ながら、城陽はそこまで快適なわけではない。よってこの仮説は不成立、といわざるをえないだろう。

というわけで、ふりだしに戻ったといっていい。角度を変えて考えてみる必要がありそうだ。

そこで次に、こういう問いを立ててみたい。

「たまたま来た地」と先ほど記したが、地方であればどこでもよかったのだろうか？

仮説2・脱記号

すっかり忘れていたのだが、ぼくは城陽に来る前、メディアの記号指向というものに内部にいながらにして辟易《へきえき》していた。

記号指向とは、多様な要素を殺《そ》ぎおとし、暴力的なまでに「ひとこと」にまとめてしまうやり方だ。「14歳」で「家出」をした「偏差値30」「金髪少女」の「起業」物語。言葉の中身はどうだっていい。記号だけでつくられたコピーやキャプションを見て、消費者のほうも条件反射する。「なんかヤバくない?」とか言って。

つくり手たちも、そういう単純化した言葉であおらないと、「今の子たちって反応ないっすよ」と、はなからあきらめている。そうして、「記号」のやりとりだけがおこなわれる。

会社をつくって五年経ったあたりから、「ミシマ社＝自由が丘の古民家」「ミシマ社＝アナログ」という硬直しきった記事がでまわるようになった。たしかにそういう面もあるのだが、それはほんの一面にしか過ぎない。しかし、それが全面かのように記事にされてしまうこともしばしばあった。

ぼく自身、会社の代表としてメディアに「使われる」存在になりつつあった。まったく出版と関係のない雑誌の特集でコメントを求められたり（あるときは、「腕時計特集」だった。ぼくは腕時計をはめないのに）、「カリスマ編集者たちが語る！」といったへんてこな覆面座談会に出されそうになったり（ぼくほどカリスマという形容がまったく合わない編集者はいないと思う）。グラビア・タレントみたいな方と「敏腕編集者」としてテレビ番組に出されそうになったり（敏腕の定義とは何だろう？）。そんなふうに自分が記号的存在にされてしまうのは耐えがたかった。と同時に、自身も程度の差はあれ、そうしたメディアの末端にいることを自覚しないではいられなかった。

こうした文脈とはちがう出版社でありたいのに……。そう考えた結果が城陽への移動だったのではないか？

そのために自ら、脱記号をめざす。記号がまったく機能しない場所で、出版社をたちあげる。その視点から考えると、あまりに風光明媚な場所はかえってよくない。歴史的に有名すぎるのも避けたい。すでに記号化されている可能性が高いから。いわんや観光地をや。人が消費的に集まってこない場所のほうが脱記号をしやすいだろう。

この潜在的欲求が、城陽への移動を異常なまでに迅速なものにしたのか。もしそうだとすれば、城陽での活動は、脱記号を図るぼく自身のもがきであったのかもしれない。

たしかに、その可能性は否定できないように思う。

しかし、そこには落とし穴があった。

脱記号をめざした結果、いっそう記号にしがみつかなければいけないという反転した事態が待っていたのだ。


城陽にいるころ、よく、時の流れがちがうと感じた。

たとえば「ミシマ社の本屋さん」にやってきた小学生の男の子たちに「おかし、食べぇや」と言っている。そういうとき。同じ一分なのに、東京でバリバリ編集をしているときと比べ密度が明らかにちがった。いつもは蟻《あり》の這《は》い出る隙間もないほどにぎゅっと詰まった時間の塊が、ぱっとほどけて飛んでしまったように、時間の原子がそこここにゆったり漂っていた。

それは、とても得がたい時間だった。まちがいなく。

だけど、そういうありがたさを十分認識しつつまちがいなく、一方で焦っていた。

この一瞬をこんなふうに過ごしていていいのだろうか。生産と切り離された時間的余裕が、いまのぼくに、いまの会社にあっていいのだろうか。

ただ、その焦りを認めることが怖かった。

――ぼくは、城陽では得がたい出会いをしている。だって、読者と出会っているんだ。これから数十年後に読者になるだろう子たちとも出会っている。そんな経験、これまであったか？　本をつくるだけで、それが届く現場に立ち会うことなんてなかった。それは別の人の仕事だった。けれど、いま、目の前に自分たちが愛情こめた本を手にして眺めてくれている人たちがいる。この一瞬……。

この一瞬がなければ、世界中のあらゆる本（どんなに立派な本であれ、どれほどのベストセラーであれ）は読まれることはない。その小さな出会いの積み重ねでしか、本が読み継がれることも、本が売れるということもない。

「つくる」から「届ける」まで。

ぼくは出版人を名乗りながら、ずっとその流れの一部だけしか知らずにいた。そして知らずにいたにもかかわらず、知った気になっていた。「原点回帰」を実践している気でいた。

それが、すこしだけ、まだほんの少しではあっても、一連の流れの上に自分が乗っていることを実感できる。

目の前で喜んでくれている。ありがとうございます、と言ってくださっている。帰って読むのが楽しみです……。

ターゲットはつくらない。老若男女問わず、「面白い」を共有したい。そう言ってきたことを、まさに目のあたりにしている。「読者」と直に接することで得る生の感覚。この感覚こそ、ぼくが心底欲していたものだ。同時に、ぼくは思う。もしかすると出版という仕事に携わるすべての人が取り戻すべき感覚であるかもしれない、とさえ。

しかし……。

しかし、だ。

この感覚を得ているまさにこの瞬間にも、東京にいる同世代の仲間たちは「全国規模」の活躍を見せている。

寄藤文平《よりふじぶんぺい》さんや尾《お》原史和《はらふみかず》さんといったミシマ社の装丁デザインを手がけてくれている人たちは、むろん。同世代の面々が、華々しさのど真ん中にいる。銀座で個展を開き、さまざまな業界のさまざまな人たちから惜しみない絶賛の声を送られる。日本中誰もが知っているようなおしゃれでかっこいい雑誌で特集されている。

彼らのように一般的にも名を知られた人たちだけではない。編集仲間である面々や出版に関わるいろんな人たちが、この瞬間にも活躍している。しかしその瞬間、城陽のオフィスでぼくは、指をくわえながら、ツイッターで流れてくる彼らの華々しい活躍を見守ることしかできない。

みな、それだけの仕事をしているのだから当然のことだ。

さまざまなジャンルで、新しい価値を生み出す仕事を次々にしている。世間的にも評価されるのは、至極もっともなことであり、たとえば文平さんや尾原さんなどは、彼らの仕事ぶりを知っているぼくから見れば、まだまだ評価は低いくらいだ。

……ところで、ぼくはどうなんだ？

いま、ここで何をやっているんだろう？　指をくわえている……だけ？

こうした感情は自分でもまったく予期せぬことだった。

というのも、自由が丘にいたころ、他者と自分を比較することなどほぼ皆無だったからだ。

もちろん多少の焦りはあったとは思う。けど、その焦りは同世代と比べてということではなく、自分が掲げる理想と、現実の仕事ぶりとの差から生じる焦りでしかなかった。

逆に、周りの動きに対しては、どこか超然としていた。

「自分がやろうとしていることは、世間で『成功』と言われているような形とはまったく違うから」

そういう思いがあって、世間的な成功や活躍とは自然と距離を置くようになっていた。実際のところ、ぼく個人が有名になったり、会社が大きくなるようなことを望んだことはない。創業期から、それは変わらない。

会社をつくって初めて受けたインタビューは業界紙「新文化」だった。そのとき、まだ社員は自分ひとりという段階にもかかわらず、「これからの目標は？」と訊かれ、こう答えた。

「目標ですか？　そういうのはあまり持たないようにしているのですが、しいて言えば、会社を大きくしないことです」

それを聞いた記者さんはしばし凍りついた。

（いったい、何をコイツは言っているのだ。大きくしないもなにも一人しかいないだろう）

言葉には出さなかったものの、記者さんの頭のなかで、疑問符が飛び交っているのが見えた。

それほどに世間的成功軸と無縁にいた。

それがどうしたというのか…。この取り残された感は……。

あきらかに焦っていた。

けれど、すくなくとも表面上は、そんなそぶりを見せないよう努めた。

どころか、各地でＪＯＹＯを連呼するようになった、ことは先にも述べた。

つまりＪＯＹＯを連呼することで、「城陽」という記号の価値を高めることをめざしていたわけだ。

本人的には脱記号のつもりが、もろに記号に頼るというやり方をとっていた。というより、強い記号になってもらわないと困ったのだ。

実際、ぼく自身に取材が来るたびに、「ＪＯＹＯでの活動のことは触れていただけますか？」といったようなことを訊いていた。「自由が丘のほがらかな出版社」という硬直したイメージをくずしたかったこともある。だが、それ以上に、「城陽」という地名を記号として流布させてでもいかないことには、指をくわえているだけの自分があまりに浮かばれなかったのだ。事実、このころ、数多くの取材を受けている。読売新聞（全国版）、朝日新聞「be」、日経ビジネス、共同通信、日経新聞、産経新聞……メディアへ登場する回数と比例して無意識レベルの焦りは高まるばかりであった。そうして無意識のうちに自分を責めつづけていた。

い、い、い、い、い、い、い、い、い、い、い、い、い、い、い、
ぼくはここで編集の仕事をなんらできていないではないか。

＊

つい先ほどまで忘れていたが、この時期、こんなこともあった。

城陽に自宅を移してから四カ月ほど経った二〇一二年八月頃、今から約十カ月前のことだ。

当然のように、東京での仕事は特別な時間になっていた。二泊三日であれば、東京に着いてか

ら帰るまでのあいだに、できるかぎり打ち合わせをおこなう。おそらく、東京にいるときであれば数週間ほどかけておこなっていた打ち合わせや人と会ってする仕事を、数日の間に集中的にもたざるをえない。やり残した、ということがないように。必然、一分一秒を惜しもうとする。そんなプレッシャーのもと、スケジュールを組むことになる。

ただし、東京でおこなう仕事の相手は、著者やデザイナーや書店員さんばかりではない。社内での打ち合わせも、欠かすことのできない重要な時間である。普段、顔を突き合わせているわけではないので、自由が丘オフィスで過ごす時間の重みははるかに増していた。

自由が丘一拠点のころ、会社の運営は「以心伝心」をもっておこなっていた。日常でそれがかなわない分、数カ月に一度の機会に実行する必要があった。

あるとき、城陽メンバーが自由が丘に集合し、全体ミーティングをおこなうことにした。両オフィスの全員が顔を合わせるのは、半年ぶり。ぼくとしては、十月から七期目を迎える前に、みんなでいろいろと共有しておきたかった。

とはいえ、ぼくから何かを押し付けるふうにはしたくはない。あくまでもメンバーのほうから意見が出てきてほしい。今何をしなければいけないか、これから何をすべきか、そのあたりを共有する時間にしたい。そう考えていた。

ミーティングの開始は、午後四時を予定していた。

ところが開始時間の直前になっても一人が来ない。外出したまま戻ってこないのだ。約束時間になったころ、メールがきた。

「ごめんなさい。電車の乗り換えなど甘くみてました。先に始めてください」

（先に、じゃないよ。それだと意味がない）

ぼくはメールを確認して毒づいた。今回だけは、全員そろわないと意味がない。いつでも会えるわけではないのだから。次にみんなそろうのはいつになるだろう。また次に会おうと思えば、東京か京都かあるいは違う場所か、いずれにせよ、移動する人数分の交通費だって必要になってくる。仮に京都から東京に集まるなら、最低でも二人分で往復の新幹線代に五万円以上はかかる。それに、そのためだけにもう一度予定を組み立てないといけない。編集者としての立場でいえば、東京にいる間に少しでも長い時間を、書き手の方ともっておきたい。その時間を「また」調整した上で、メンバーとの時間を割かなければいけない。

そんな考えがぼくの脳裏をかすめた。すると、いかんともしがたい憤りが湧いてきた。

（いったい、ぜんたい、時間をなんだと思っているんだ！）

ぼくはメンバーに「全員集まらないと意味がないんで、待とう」と伝えた。ぼくもほかのメンバーも、待っている間、パソコンに向き合ったり、電話をしたり、粛々と目の前の仕事をした。結局、一時間近く遅れて全員がそろった。

そのときはすでに、ミーティングをする気持ちではなくなっていた。

ありとあらゆるものは、瞬間、生成されなければいけない。

会議とて同じだ。真に生産的な会議や打ち合わせになるためには、参加者全員の生を一瞬にぶつけあわねばいけない。でないと、形だけの会議に陥ってしまう。

十六時の開始に照準を合わせ、気持ちと身体の集中をもっていっていた。

それが崩れた。

ひとたび崩れた心身の集中を、二度と再現することはできない。

無理矢理再現したとしても、それはまったく別ものになってしまう。

それならいっそ、やめてしまうほうがいい。

ぼくは、この日、ミーティングをやめにした。

*

またあるとき、スカイプ越しに抑えきれず言ってしまった。

「この段階で気づくなんて、いくらなんでも遅すぎる」

(一冊入魂を掲げてやってきたんだ、この六年間ずっと。

だからミシマ社で編集の仕事をする以上、ぼくと同等もしくはそれ以上に一冊入魂してもらわなければ困る。ミシマ社の本を読みたいと思ってくれている読者にとってぼくじゃない誰かが編集したからといってクオリティや熱量が落ちるようなことがあってはいけない。なのに、今ごろこんなところをやっているようじゃ、入魂どころではないではないか。ゲラを印刷所に入稿する最後の最後に、入魂する。

それはなにも精神論ではないのだ。そこに行き着くためにさまざまな技術的裏付けがあってこそ、入魂も可能になる。

つまり、一冊の本として面白い読み物たりうるための「あらゆること」を最終段階の直前までに終えておいてこそ、最後に入魂もできる。

それが最後の段階になってもまだ、「あらゆること」を終え切れていないではないか)翌月発刊の最終段階のゲラを読んでみて愕然《がくぜん》としてしまった。

著者の書いていることが面白くないということではない。そうではなく、面白さの潜在力を引きだしきれていないのだ。一冊を練りこむ過程では、当然、書き手のほうで気づかないポイントもでてくる。一歩離れた視点、俯瞰《ふかん》したところから、編集者のほうが気づきやすい類のものだ。それを見つけ、一冊としての完成度をあげるように著者と練りあげる。それができないでは編集者の存在意義などないだろう。

けれど、現に、目の前にあるゲラにはそうして練り上げた痕跡が圧倒的に不足している。多少はあるが、これでは不十分すぎる。ミシマ社刊として出すことができない……。

いったいこれまで何をしていたというのだ。自由が丘にぼくがいたころ、まったくぼくの動きを見ていなかったからこうなるんじゃないか。

結局は、ぼくが最初から最後まで編集するしかないのだろう。

けれどそれで出版社といえるのか。たんにぼくの個人事務所ではないか。出版社は一人のデザイナーと複数のアシスタントで構成されるデザイン事務所や建築事務所とは根本的に違う。

そんな思いが湧き上がったため、抑えきれずに先の言葉を口に出してしまったのだ。

＊

いうまでもなく、城陽に引っ越してからすぐにヒットした「カミの子たち」と呼んだ本たちは、ＪＯＹＯ産ではない。自由が丘産である。

自由が丘で仕込んだ本たちが、結果として引っ越してきたタイミングで次々と出た。そういうことである。もし「なんら支障がない」と言うのであれば、彼の地で、自由が丘時代となんら変わらぬ仕込みができてこそ、であろう。

結論からいえば、それはできなかった。

なぜなら、編集という仕事はひとりでやるものではないからだ。というより、できない。編集者は著者がいないと何の働きようもない存在なのだ。著者だけではない。デザイナー、校正者、イラストレーター、ライター……そうした職種の方々と仕事をすることで、はじめて「編集」は可能となる。

もちろん彼の地には、ミシマ社の書き手がいるわけではなかった（「木のみかた」をウェブ雑誌「ミシマガジン」に連載してもらっている、三浦豊《みうらゆたか》さんだけだ）。そればかりか読み手の絶対数もかぎられている。城陽と東京の読書人口の比率を仮に同じと考えても、単純計算で百七十分の一。東京で一万部の売行きが見込める本だと、ここではわずか六十部の動きが見込めるだけだ。デザイナーさんやライターさんもいない。それに本屋さんもほとんどない。編集をしていて、欲しい本がでたとき、手に入れることもむずかしい。企画を考えるため、本屋さんをふらりと訪れることもままならない。カフェもなければ、気の利いたレストランやバーもない（少なくとも徒歩圏内はゼロ）。東京からわざわざ著者の方が来てくださることもある。そのとき、社屋以外でほとんど打ち合わせができない。「ちょっと食事」に行くこともままならない。近くにあるのは、ガストとＣｏＣｏ壱番屋くらい。その他といっても、チェーン店系の店が国道沿いにパラパラとあるだけだ（焙煎所の kaido coffee はオススメだけど）。

ここでしか食べることができない味、ここでしか進めることができない仕事、ここでしか……こと、編集仕事に限定するかぎり、そうしたものが皆無に近かった。

ぼくはそのことに気づいていなかった。

大阪にいる書き手や京都在住のデザイナーさんたちと打ち合わせをするとき、たいてい、梅田か京都の街中まで出ていっていた。また自身の原稿を書くときも、京都市内のカフェに行くことが多かった。地元のマクドなどでも書いたことはある。何度も。けど、これははっきり断言できるのだが、京都の街中のカフェで書くほうがあきらかに筆がのる。もしライティング・パフォーマンス計測器なるものがあれば、質・量・執筆時の精神の具合など、あらゆる項目で、京都のカフェにいるときが城陽のマクドでの執筆をはるかに上回っていたにちがいない。

久津川駅から京都の街中に出るには、どんなに順調に電車の接続がいったとしても四十分はくだらない。下手すると一時間近くかかる。往復約二時間をかけて、わざわざ「仕事」をしにいくわけだ。それに関西は電車賃が高い。久津川−京都間は、近鉄で片道三四〇円。三条まで出ようとすれば、京阪に乗り継いで片道五一〇円（二〇一三年六月現在）。日によって、市内に二度行かざるをえないこともあった（移動時間だけで三時間。交通費は二千円を超える）。それに近鉄は、プラットフォームの上に掲げられた「発車標」には、肝心の発車時刻が記されていない。次に来るのが、「各駅」か「急行」か「通過」か、その違いしかわからないのだ。

そうこうするうち、じょじょに、無言の苛立ちが募っていった。目の前で電車が行ったあと、次の「各駅」が来るまでの十五分のあいだに、急行、特急を数本見送らねばならぬ状況に不条理をおぼえた。もちろん、それは、不条理でもなんでもない。自分の心に宿る、たんなる苛立ち、焦りの反映であった。

そういう事実があるにもかかわらず、ぼくは頑としてＪＯＹＯを唱えていた。ＪＯＹＯという記号にがんじがらめになっていた。

この間の大半、自問自答を、半ば苛立ちを隠せないままにくりかえしていたように思う。自由が丘と城陽で、いったいどういうふうに運営していけばいいのか。撤退するしかないのか。

そうすれば、地方での出版という旗印を下げることにならないか。東京でしか出版メディアは成り立たない、そういうふうにはならないか。……そんな問いをずっと。

仮説3・結界越え

京都市内へオフィスを移す――。

自分で思いつきながら、ドキッとした。わが心の耳を疑った。

（いったい何を……自分のなかで絶対に禁じ手としていたはずの選択肢ではなかったか）

だがそれはもう、「決定済」として、眼前に現れたのだった。

京都育ちのぼくにとって、京都市内に自社を構えることは無条件で「ありえない」ことだった。

ミック・ジャガーが演歌歌手に転身したり、『キン肉マン』が正義や友情よりも悪を大切にしたり、マクドナルドが「スマイル」を捨てたり、スタバが「緑茶」しかださない店になったり、……それほどまでに考えられないことだった。つまり、理屈をこえて、「ありえない」ことだった。

もちろん、その後の経過はずいぶんと違った。京都進出は、ぜんぜん「あり」だった。どころか、地方で出版を、という旗を掲げたとき、地方都市で始めるのはむしろ自然であった。ではどうして、それほどまでに「ありえない」こととしていたのか。

＊

極端に触れた針はやがて反対方向に極端に触れる。

これは法則といってもいいだろう。

例に漏れず、このときの自分がそうだった。城陽という住宅地からの移動先は迷わず、「ど真ん中！」であった。

縦筋は、烏丸《からすま》と河原町《かわらまち》、横の通りは御池《おいけ》と四条《しじょう》、この四角のエリアにオフィスを置く。つまりは、京都市内の中心地に。

最終的に、烏丸三条《からすまさんじょう》のマンションの一室に決めた。十畳ほどのワンルームだが、八階の角部屋にあり、東大文字の「大」の字も比叡山の頂上も部屋から見える（山が見えるだけでふしぎと落ち着く）。交通の便も申し分ない。地下鉄の烏丸御池駅から歩いて一分、阪急烏丸駅まで徒歩七分、京阪三条駅も利用できる。京都駅までは地下鉄で十分足らずで行けるし、大阪に行くにも三線利用できる。機動力の倍加は疑うべくもない。

今から思えば、わが感覚が奈落の底に落ち切るまえに発した断末魔の叫びであったかもしれない。

というのも、東京にいたときのように同業の人たちと繁《しげ》く会うことのできない環境で、気づけばぼくのデジタル依存度はどんどん高まっていた。ネットマガジン、ブログ、ツイッターをのぞく回数が増え、自由が丘オフィスのメンバーは当然のこと、社外の人たちともスカイプミーティングを頻繁におこなうようになった。

しかし、自由が丘オフィスしかなかったころのぼくは、会社のメンバーに「パソコンオフタイム」を推奨していたのだ。午後から夕方まではパソコンを開かないように、と。パソコンの前にどれほど長くいても、真に生きた仕事にはなりにくい。座って、画面を眺めているだけで時間はいくらでも過ぎていく。けれど、長時間その前にいることで生産性があがるわけではない。むしろ身体はかたくなる。パソコンは使うべきときに集中して使う。その時間をできるだけ少なくして、人と会う時間を大切にしよう。

ぼくの指摘はまちがっていなかった。城陽で自ら証明した。距離が離れているため、必然、これまで会っていた人たちとの時間を、デジタルでのやりとりで済ますことが多くなった。というより、そうせざるをえなくなったのだ。そうして、ぼくの身体はかたくなった。生きた情報からはほど遠い、記号の情報にふりまわされ、いつしか、生きた仕事を失っていた。

ところが、京都市内に移ったとたん、さっそく流れを感じている。

東京から出張で関西に来た人たちが、ふらり、訪れてくれるようになった。城陽は、ふらりと寄るには遠すぎた。それに、ふらりと寄るには、周りに何もなさ過ぎた。

街にはいろいろなものがある。

本屋さんもいっぱいある。お昼を食べるところも、カフェも、お土産屋も、雑貨屋も、ある。たとえ目当ての打ち合わせがキャンセルになっても、時間を無駄にせずに済む。それはなにも外から来た人たちのみならず、なかで働くぼくたちにとっても同じことだ。

資料を探しに行く、息抜きに散歩をする、ガッツリとお昼を食べたい、逆にさっぱり済ませたい……街はそのときのこちらの気持ちに応じて、顔を変えてくれる。というより、こちらの気分次第で隠れていた顔が突如、目に見えて現れる。街の顔は、じつに多面体であった。

あるとき江弘毅さんとこんな会話をかわした。

「城陽オフィスにいたころ、お昼ごはんの選択肢がふたつしかなくて、それもどちらの弁当屋もフライもんで……最初は安い、おいしいと喜んでたんですが、毎日フライばっかりってのが、意外にきつかったです」

すると江さんは得心顔で、「食にやられたか」とおっしゃった。なるほど、とぼくは思った。仕事は仕事だけで成立しているわけではない。「食うために働く」というのは事実そのとおりで、「食う」こと抜きに仕事を考えてはいけなかったのだ。

そしてなにより、街に入って以来、焦りが消えた。すべてを自分たちでやらなくても、街がいろんな顔をもって待ってくれている。ぼくたちはただ、そこに感謝の気持ちをもって、乗っかっていけばいい。そして自分たちも街のひとつの顔になることをめざしていけばいい。出版社というひとつの顔に。

街が自分たちを生かしてくれている。

ぼくは生まれて初めて街の力を実感した。その実感を肌で感じつつ、これで出版社の活動ができる、と初めて思えた。ＪＯＹＯを連呼していたときの強がりではなく、自然とそう思えた。「京都」という、とても記号的力をもった街の真ん中に入ったことで、かえって「記号」から抜け出せたように感じた。

脱記号への隠し扉は記号のなかに潜んでいた。

＊

記号から逃れて地方へ進出したはずが、かえって記号に頼るようになった。記号の街に入ることで「脱」が可能になった――。

たしかにそうである。しかしそれは京都進出はありえないとする、禁じ手解禁の理由ではない。

ぼく個人の感覚では、禁じ手としていたのは、結界によって排されていたから、だ。そうとらえるほうがしっくりくる。

故郷は遠くにありて思うもの。

誰かがそういったとおりである。故郷は帰ってこないから故郷なのである。戻ってきてしまっては、地元になり故郷ではなくなる。当然のことだが、その地はよく知った場所である。道に迷うことなどけっしてないだろう。街で旧友に会うことだってあるかもしれない。学生時代、何度となく通った定食屋さんや居酒屋なんかも少なくない。自転車さえあれば、自由気ままにどこにだって行くことができる。「便利」は、手を伸ばせばすぐそこにある。

けれど便利さはこわい。最初に勤めた会社を辞めてからしばらくのあいだ、「旅人」を名乗ったことがある（肩書「旅人」の名刺までつくった）。旅人は、地図だけ片手に、あるいは地図さえ持たずに、見知らぬ土地に行き、自分の肉体だけをセンサーに居場所を見つけ出していくものだ。友だちもいない、知り合いもいない場所に突然行くことになっても動じることなく生きていく。旅人であるとは、そういう生き方をするということにほかならない。少なくとも、ぼくにとっては。

それだけに、故郷の便利さに溺れることが怖かった。

一方で、京都自体を恐れてもいた。

それもこれも、京都で仕事をしたことがなかったからだ。京都にいたのは学生までで、京都での仕事の経験はぼくにはない。生活者としては快適さを恐れ、働くことにおいては、純粋に恐怖を抱いていた。

ちなみに父は岐阜から単身京都に出てきて、ぼくが小学生のときに独立した。が、間もなく体を悪くし、結局ぼくが就職をし、東京に行った年に商売をやめている。

子どものころから、そういう父の姿を見ていてたいへんそうだ、という思いだけが残っていた。

東京で十五年近く仕事をするうちに、いつしか、「父は京都でたいへんそうだった」という記憶が「京都で仕事をするのは大変なのだ」という恐怖心へと変質したのかもしれない。京都で商売をするのはむずかしい……。

こんな思い込みが身体化されてしまっていた。

自身の仕事である出版の仕事におきかえると、その思い込みはますます強化された。京都には素敵な作家さんや学者の方々が大勢いる。これまで何冊か一緒に本をつくった方々もいる。

いつかお会いしたい、お仕事をしたいと思っていた方々も多い。

しかし、なぜだろうか。京都の出版といって我が脳裏に第一に思い浮かぶのは、いつも、バッキー井上《いのうえ》氏だったのだ。多くの著名な作家の方々をおしのけて。

バッキー井上――。

その名を聞くだに、ぞわぞわっとした戦慄《せんりつ》をおぼえないではいられない。以前から名前はよく聞いていた。江弘毅さんの盟友であり、京都、錦市場の漬物屋を営む男。五十年以上、京都を一歩も出たことのない生粋《きっすい》の京都人。夜な夜な京都の町を徘徊する酒場ライター。それも、画家・踊り子、〝ひとり電通〟を経て、と著作のプロフィール欄にある。そうした断片的な情報から、いつしかぼくのなかで、バッキー像がかたまっていった。

妖怪のような存在……。

結界線上に立ち、外敵の侵入を防ぐ。そんな妖怪が京都にはきっといて、バッキーさんはそれにちがいない。事実、彼の書いているものは、妖怪さながらの妖《あや》しさに彩られている。

彼の初の著書には独自の文体で書かれたコラムにくわえ、小説も掲載されている。タイトルは「診察室には女医がいた。」だ。思い切って引用してみる。

「川崎くんがお医者さんやったら流行《はや》んちゃう」

「肌の匂いを鼻で嗅いで診察するねん。画期的やろ」

「気色わるー」

「そんなんではわからへんかもしれんけど、サービスとしては抜群なんちゃうかなあ。俺が患者やったらそんなことする医者に感激するけどなあ」

「なんで感激するのん」

「あほやなー、臭いのもいとわんと、このお医者さん私のために嗅いでくれてはると思うんや」

「私やったらいややわ」

「ちがうて。絶対その医者を好きになるて」

「川崎くんが嗅ぐんやろ、絶対いややし」

真智子がそう言った時、川崎の頭にはめくるめく肌の匂いが蘇《よみがえ》った。

（『たとえあなたが行かなくとも店の明かりは灯ってる。』１４０Ｂ）

……近寄ったら最後、いったい何をされるかわからない。この本は、バッキー井上妖怪説を裏付けるなによりの証拠であった。

京都を舞台に展開される、ぬめぬめ、ぬめぬめとした言葉の連続に、ぼくは正直、怖気《おじけ》づいていた。

そういう書き手が、街に勢力をもって君臨している。

京都には奇人文化が代々残っていると『京都の平熱』で鷲田清一《わしだきよかず》先生は指摘されているが、まさにバッキー氏は、現代に生きる京の奇人とぼくには思えた。

畢竟《ひっきょう》、京都で出版の仕事をするには彼を避けては通れまい。京都進出は、奇人たちと関わっていくという覚悟なしには成り立たない。そう考えると、恐怖に近い戦慄をおぼえるのももっともなことだった。

それでも、結界の内部へ飛び込んでいくしかない。

でないと、仕事が成り立たないのだ。

何度も言うが、城陽にオフィスを置きながらも、京都市内に出て仕事をすることが多かった。何か書き物をするときも市内のカフェを頻繁に使い、打ち合わせも市内まで出ることがほとんどであった。むしろ城陽にいることで、本来すべき打ち合わせが距離的な理由などで流れてしまうようなこともあった。文字どおり、仕事が成り立たなくなっていたのだ。

そういうこともあり、京都市内にオフィスを移すことを決断する。

つまりそれは、奇人と対決し、結界を飛び越えていくという選択だった。

はたして、奇人を倒し、結界を越えうるか。そもそも、結界はあるのかないのか――。

＊

二〇一三年三月七日、城陽からワゴン車一台、軽トラ一台に荷物を詰めこみ出発した。めざすは京都市内のど真ん中。烏丸三条のマンションである。

車は何事もなく、ちょうどお昼ごろに着いた。

ぼくたちは閑散としたワンルームの空間に入った。部屋が八階の東の角にあるため、窓からは東に大文字と比叡山の頂上が見える。それ以外は特にとりたてて特徴のない、木目のフローリング貼りのワンルームの部屋だ。

結界には何事もなくあっさりと入ることができた。過剰に恐れていただけだったのかな、と自ら思ったほどに。

ご近所にもなったバッキーさんとは、彼の経営する居酒屋「百練《ひゃくれん》」に何度か顔を出すうちに仲良くなった。というのも、氏ほどジェントルな人はいないと思えるほどのジェントルマンだったのだ。妖怪のなかの真のジェントルマンだった。

オフィスを市内に移して四カ月ほど経ったが、ワンルームにも、周辺にも、京都市内のどこにも、魔物の姿を見ることはない。

魔物など妄想でしかなかったのか。

「すべては自分の恐怖心から生まれたものだったのかな」

と思いつつも、「ただ」と考えることがある。

ただ、市内にオフィスを移して数週間、やけに部屋に落ち着きがなかった。なにも不慣れだけが原因ではないと思う。たんに不慣れが原因であれば、その後、劇的に空気が変わることはないだろうから。

そう、ある時点を境に、空気が一変したのだ。

それは、自由が丘オフィス同様の丸いちゃぶ台を部屋に置いたときである。

「ようやく、オフィスになった」

まぎれもなくその瞬間、たんなるワンルームの空間がオフィスへと変貌した。ちゃぶ台というういかにも「家」的なアイテムを空間に置いただけで、オフィスっぽく（もちろんミシマ社のオフィスっぽくという意味で）なったのだ。

この事実を眼前にして、「もしや」と考えざるをえない。

もしや、ちゃぶ台が救ってくれたのか、と。

たしかに、ご近所さんになったバッキーさんはしばしばオフィスを訪れてくれるようになる。

だが、ちゃぶ台がくるまでは不思議とバッキーさんは来なかった。魔物代表ととらえていた氏と急速に仲良くなったのも、ちゃぶ台を置いて以降にほかならない。現在、この秋にミシマ社から本を出してもらう予定でいる。それほど急接近した。

それも、バッキーさんとちゃぶ台を囲んで話をするようになったのがきっかけである。

とすれば、このちゃぶ台は、たんに「家的」なアイテムにとどまらないとも考えうる。

つまり、開かれたパンドラの箱を塞《ふさ》ぐ存在、あるいは解かれた結界の魔力を封印する重石《おもし》――。

そう言えなくもないのでは？　と考えてみたものの、あまりに荒唐無稽な発想に自らおかしみをおぼえ、首をふらざるをえない。

（丸いちゃぶ台を置いたから京都で仕事が滞りなくできるようになった。それによって、魔物にやられずにすんでいる。なーんてこと、冗談でも人に言えないよな）

そんなことを一人ごちるぼくは、まだ気づいていないだけかもしれない。

もうすでに魔物に取りこまれているのかもしれない、という可能性を。

そうとは知らず、魔物などいなかったと魔物の掌中で思っている、あるいはちゃぶ台が守護してくれている、などと思っているだけかもしれない。

……なんてことはさすがにないか。

壊れたアラーム

ここまで書いてみて、ついこの前（二〇一三年六月）、表面的に出てきた一現象でしかないが、こんなことがあったことを思いだした。

ある日、入社二年目となる経理担当のヒラタが、言いにくそうにぼくに話しかけてきた。

「あのぅ……」

もじもじするヒラタに対し、「なんだい？」とぼくは答えた。毎日よく働いてくれているが、まだ二年目。不安も当然あるだろう。なんでも相談してちょうだい。そんな心積もりで鷹揚《おうよう》に受け答えしたのだった。ヒラタは意を決したようにして言った。

「今月末、支払いのお金が足りないかもしれません……」

編集の仕事を始めて以来公言したことがひとつだけある。感覚に勝るものなし。知識よりも経験よりも、感覚は編集者の生命線である。いや、編集者の仕事にかぎらない。あらゆる仕事においても、生きるということにおいても――。このようなことを言ってきた。

事実、会社の命運は自分たちの感覚ひとつでどうとでもなるやり方をとってきていた。大きな船であればびくともしない小波であっても、小舟であれば転覆する危険がある。しかし、裏を返せばかなり早い段階から小波の影響を受ける。つまり、小波の発生や波の変化をきわめて早期に感知できる。

創業以来、「会社を大きくしない」「出版点数を多くしない」と唱え実践してきたのは、ひとえに小舟でありつづけるためであった。小舟でありつづけるとは、一回の漁で適切な収穫を得てくるということである。転覆の絶対回避は当然として、不漁がつづくことも許されない。次の漁までに飢えてしまいかねないからだ。

この段階では気づいていなかったのだが、具体的に他社と比較してみると、ミシマ社の出版点数がいかに少ないかがよくわかる。

ヒラタから相談を受ける直前、ある新聞社の取材を受けることがあった。そのとき、記者の方がこれまで取材した、老舗出版社二十数社の記事を見せてもらった。そのすべての記事には、社員数と年間の発刊点数が記されていた。

たとえばA社は、社員数四〇人に対し、一年の発刊点数は二五〇〜三〇〇冊。B社は、社員一五人、年間発刊点数約六〇冊。C社、社員一〇人、点数二三〜二七冊。D社、従業員二三人、年間五五〜六〇点。E社、社員八人、年間点数二四冊。……いずれも、とても尊敬に値する先達出版社である。こうした会社の資料をつらつら眺めるうちに、ぼくはあることに気がついたのだ。

出版社を経営するには、社員数（従業員数）×三〜七冊の年間発刊点数が要るのではないか。

そう思って見渡せば、ぼくが出版社をつくった前後に創業した出版社の多くも同じだった。ひとり出版社である夏葉社は年間三冊。アルテスパブリッシングは七人のメンバーで毎年約一一冊〜一五冊を発刊。ナナロク社は、メンバー四、五人で約八冊。

ひるがえって自社はいかに。と思ってみれば、創業からの七年間で四十数冊。六年目、七年目の実績でいえば、社員七人に対し、一年間に発刊したのは七冊。じつに、社員数×一冊のペースだった。

経営的な視点からいえば、年間の平均発刊数とは、それだけの本の発刊ができれば、大儲けはなくとも、社員の人件費ほかを維持でき、会社を継続させることができる。その最低ラインである。裏をかえせば、そのラインを越えて、発刊点数を多くすれば、売上は伸びる。そしてリスクも軽減される。下手な鉄砲も数撃ちゃ当たる、のことわざにあるよう、点数を多くすればするほど、最低ラインを一冊のヒットによって越える確率もあがる。けれど、それとひきかえに、クオリティが落ちる可能性も高まる。最低ラインとは、一冊入魂のクオリティを維持するにあたり、物理的につくりえるギリギリのラインでもなければいけない。

先にあげた会社が好例だが、むやみやたらに、年間の刊行点数を増やしたりしない。それぞれ発刊する本の種類はまったく異なるものの、この時代に出版という世界で生きることを決意した彼らの存在がどれほど励みになっていることか。いい本を思いをこめてつくりきり、思いをこめて届けきる。それを実現している方々なのだ。そういう彼らの実例からも、おそらく、メンバー×一・五〜三冊が理想なのだろう。

なるほど。その取材で記者の方がしきりに、「この発刊点数でどうやって会社を維持しているのか。それを聞きたくて」と言っていた。もっともな疑問だった。

クオリティを維持するために少ないのはよくわかる。しかし、それでは経営面における最低ラインには届かないではないか。そういう指摘だった。

けれど、取材を受けた時点ではまだ、このとき、半年でわずか二冊の本しか発刊できていないことに意識が及ばなかった。

その質問というか指摘に対し、ぼくは、「〝いつも崖っぷち〟戦略です」と述べたのだった。

このやり方は高校野球に近いのかもしれない。プロとちがい、次の試合の保証がないのが高校野球である。目の前の試合に勝つ以外に、次の試合への道はない。ぼくたちの場合、一冊がちゃんと適切な部数だけ読者の人たちのもとへ届かなければ、次の一冊を出すことができない。できれば一人でも多くの人たちに届けたい。だから、場外ホームランを狙わんばかりの振りをする。デッドボールを恐れて、踏み込むことをせず、へっぴり腰で打席に立つようなことをすれば、その時点でジ・エンド。「次」は、親切に待ってくれてやしないのだ。

そこで、「感覚」が必要になる。

場外ホームランを狙いつつも、毎回、そこまでボールが飛ぶわけではない。けれどアウトも許されない。ではどうするか？　場外ホームランが無理とわかった瞬間からデッドボールでもいいから出塁するような対応に切り替えるのだ。当然、考えていては振り遅れる。空振りをしてしまう。身体が先に反応していなければいけない。ホームランが無理と「感じた」瞬間、ボールが身体に当たっていた（あるいは身体がボールに当たっていた）。ちゃんと怪我はしないタイミングで当たり所を適切に。

それができるかどうかが、小舟で生きるための生命線といえる。

その生命線であるセンサーに異変が生じた。センサーが正常に働いていれば、半年経って二冊しか出ていない事態に対し、もっと早い段階でアラームが鳴ったにちがいない。

いやはや……。

城陽プロジェクトそれ自体の問い直しを進めてきたわけだが、思いがけぬところに、一時漂着したようだ。

なんと、もっとも大切にしてきた感覚がどうやらおかしい。感覚頼みの人が感覚をくるわせたのだから、そりゃ、なにをやってもおかしくなるというものだ。……などと人ごとのように笑ってはいられない。

このままでは困るのだ。

事実として死活問題である。その感覚の回復なしには、ぼくも、ミシマ社という出版社も成り立たないのだから。

III

表向がいくら立派だって、腹の中まで惚れさせる訳には行かない。金や威力や理屈で人間の心が買えるものなら、高利貸でも巡査でも大学教授でも一番人に好かれなくてはならない。中学の教頭位な論法でおれの心がどう動くものか。人間は好き嫌で働くものだ。論法で働くものじゃない。

（夏目漱石『坊っちゃん』）

城陽プロジェクトとは何だったのか？　さまざまな仮説を立てて探りながら見てきた。その過程でなんと、自分がもっとも大切にしてきた「感覚」にくるいが生じていることを知った。生命線といっていい感覚に……。

結果、真っ暗闇の洞穴に入っていた……。経営的落ちこみは、そのひとつの現れにすぎない。とにかく、感覚の回復が急務である。そのためにも、まずは、どう失ったか、を考えなければならない。その視点からこのような仮説を考えてみた。

編集観（編集とは何か、という考察）を得る一方で、編集感覚を失いつつあった。観念的成長はすれど、感覚は減じた。

もっと大胆にいえば、理屈はついたが、勘は鈍った、そういうことではないか。

というのも、城陽にいた頃に、東京とはスピード、量ともに天地の差のある環境で、「考える」ことだけはしていたのだ。

ここでは、城陽時代の動きを、編集の側面から迫ってみることにする。そうすることで感覚回復の糸口を見つけたい。そして今度こそ城陽プロジェクトを自分のなかではっきりと位置づけたいと思う。

（二〇一三年十月記す）

念力

寄藤文平さんとの時間が、東京にいたころよりもさらに貴重になっていた。寄藤さんは、ミシマ社のロゴをつくってくださったばかりか、ミシマ社の本のブックデザインを数十冊も手がけてくださるなど、創業期から全面的にお世話になっている方だ。

二〇一一年の秋ごろからは、『レジェンド伝説』という本を執筆いただくことになっていた。二〇一二年四月末に城陽へ引っ越して以降、東京に来るたびに寄るのだが、毎度、原稿は進まず。結局のところ違う話になってしまう。

この日もそうだった。

「ねえ、『千利休　無言の前衛』って読みました？」

「いえ、読んでません」

「おもしろいですよ」

「へー、じゃ読んでみます」

「うん、ぼくねぇ、この本読んで『道』がすこしわかった」

「ほ〜」

いつしか寄藤文平さんのペースに巻き込まれ、結局、彼自身の本はまったく進まない。ちなみに雑誌「AERA」の「現代の肖像」に文平さんが登場したが（二〇一三年十月十四日号）、「今秋、ミシマ社より『レジェンド伝説』を刊行」とプロフィール欄に書いてあった（ちなみに「予定」はいまだ予定の域を出る予定はない）。

その『レジェンド伝説』を企画しはじめたころ、寄藤さんは「わかったんです」と突然言った。「日本一寝ない男」と先の記事にも書かれた男はものすごい仕事量を、ものすごいクオリティでこなしていく。わずかのあいまにそうとうの読書をし、そしておそらく作業中もずっと何かを考えつづけている。だから会うとかならず、なんかしらの発見の報告がある。

「最近すこしわかったんです。どんな装丁がいいか。すごくアートな、とがったデザインと、その正反対のデザイン、ひじょうにコマーシャリズムに受けのいいデザインの両方をやってみて」

「はい」

「いいデザインって、ものすごくアートと、ものすごくコマーシャリズムの両方をつくって、その両極を落としたところにあるんです。それで、その両極を落としたあいだのどこを取るかなんです。本に応じて」

「なるほど」とぼくはいたく感心しながら聞いた。おそらく、その極端のどちらかだけでも形にできたら、一流の仲間入りができるにちがいない。感性の赴くままに突っ走って表現するアート。大衆の無意識の欲望を最大限にくみとって形に落とし込むコマーシャルデザイン。そのどちらかを、伝わる形にまで仕上げる。それだけでも、かなりハイレベルだ。文平さんは、その両極をつくった上で捨て、その中間のどこかで勝負する。

デザインはやったことがないけれど、「これだ」と思った。それを実現していけば間違いなく、ときにかっこよく、ときにかわいく、ときにしっとりと、ときにはげしく、ときにやわらかに、さまざまな角度から人々を揺さぶるにちがいない。

そう確信したのち、ぼくはおやっと思った。思いあがりは重々承知で。

これってぼくが編集の仕事や会社の運営でやろうとしていることと同じではないか？

というのは、数年前、自分のやり方が、「計画と無計画のあいだ」だということに気づいた。頭で考え計画的に動いていくのと、感覚だけをたよりに動くのと、そのどちらかではなく、その両極のあいだを行き来する。そしてその幅が広ければ広いほど、クリエイティブにも幅が出る。それこそが真のクリエイティブ（つまり活力が湧いてくる行為）だと思った。

文平さんが言ったことと通底しているのではないか。

もっともぼくのばあいは感覚でつかんだ実感にすぎない。かたや寄藤さんは、実践し証明してここに辿りついたわけだ。おそらく最初から感覚でわかっていたはずだが、それでもあえて仮説をつくり、感覚的判断で結論をだすことを自制した。まるで科学者のように仮説と実験を繰り返した結果、出した結論にちがいない。だから説得力もある。

これまで何度となく寄藤さんとこうした時間をもってきたが、ぼくはいつもそこで終わってしまっていた。それ以上、思索を深めようとしてこなかった。

文平さんが辿りついた境地を感覚でできていたんだから大丈夫、うん。

そういう結論で終わっていたのだ。

けれど、この日、自分のなかで何か化学変化のようなものが訪れた。火が点《つ》いたかのように、ぐるぐる思考が止まらなくなった。

文平さんは言った。

「茶道の作法ってお茶をおいしく飲むことと直結しているわけじゃないですか。掛軸《かけじく》を眺めたり、器を美しくしたり、主人と客人とのやりとりを煩雑にしたり、そういうことでお茶そのものの成分がおいしくなるわけではない。けど、そこに『道』があるわけですよね。つまり、おいしいものを飲むという当初の目的に直結しない行為に価値を見いだし、おいしさが置いてけぼりにされることだってある。もともとは、おいしいものを飲みたいという思いだけだったはずなんです」

「なるほど。おいしさの追求が満たされたあと、そういう具体的な目的のない行為、ゴールのない行為である『道』が起きると」

「ええ」

さらりと言ってのけたものの、この発言には多大なる示唆が含まれている。

おそらく文平さんは、自身のデザインのことに置き換えて述べていたはずだ。

もともとデザインには目的があった。そのデザインがあることで何かがより多くの人たちに伝わる。デザインがないと一しか伝わらなかったものが、二、三にまで伝わる。それを可能にするのがデザイン。しかし、今ではデザインは本来の目的を維持しにくくなっている。イラストレーター、フォトショップをはじめ、コンピュータソフトがあまりに発達したため、誰でもすぐにそれらしいデザインができるようになった。デザインを始めてまもない人たちが、つい二、三十年前であればある年数の修業期間を経なければ辿りつかなかったデザインを、さくっとつくってしまう。十分に伝わる形にまで仕立てあげて。

そういう時代にデザイナーが果たす役割とは一体なにか。デザインそのものでの差別化がむずかしくなった時代に、デザイナーがめざすべきはなにか。文平さんの頭のなかにはきっとこういう問いがあったはずだ。

「デザインは『道』になっちゃいけないと思うんですよ」

文平さんがぽつりと言ったことが胸につきささった。当然のように、わが事に置き換えて考えてみた。

はたして出版は「道」なのだろうか？

この問いに答えるには、文平さんの思考過程を追体験せねばなるまい。つまり、直感だけの自分の動きを言語化できるところまでいかねばならぬと思った。

＊

またあるとき、「電王戦に注目しているんです」と文平さんは言った。電王戦とは棋士とコンピュータの真剣勝負の対局である。第二回となる電王戦は、二〇一三年三月二三日より五週にわたり、各世代を代表する五人の棋士がコンピュータソフトの挑戦を受ける予定だった。

「たぶん負けるんです、棋士は。仮に今回、負けなかったとしても近々、コンピュータに負けることは避けられないでしょう。そのとき、棋士は何をモティベーションに将棋の高みをめざすんでしょうね。それも知りたくて注目しているんです」

文平さんの言葉を聞いてから数週間後、ふたたび文平さんのオフィスに行くことがあった。着くなりぼくは、「わかりました！　棋士にできてコンピュータにできないことが」と意気揚々として言った。

「えっ、何々？　知りたい」文平さんも喜色を浮かべてこちらの発言を待っている。

ぼくは、一呼吸おいて言った。

「ねんです」

文平さんの目が点になった。たっぷり十秒は静止したのち、「はぁ？」と言った。

多少、狼狽《ろうばい》しつつ、「念です」とくりかえした。ようやく合点が行った顔になった文平さんは、

「ああ、念ね。ちょっと、頭おかしくなったのかと思いました」

そう言ってフウォフウォッと笑ったので、ぼくもつられて笑った。

そのときぼくの脳内ではこのような思考がはじけていた。

——技術的には、コンピュータに人は勝てなくなるかもしれない。棋士であれ、デザイナーであれ、編集者であれ、作家であれ。たとえば、ひとつの小説をつくる場合、小説家はわが身を削って、文字を書きとめていく。ときには精神のバランスを壊しながら。何年もかけて一作も完成しないことなどザラにある。けれど、作家ロボットに頼めば、ものの一時間もかからなくなることだろう。「主人公・女子高生、ラストで号泣」など、いくつかのキーワードを打ち

込んでいけば、一時間後には「作品」ができあがる。荒唐無稽な話ではなく、おそらく、現実としてそうなる。そのとき、作家はどうなるのか。作品を依頼し、打ち合わせ、脱稿を待つ編集者はどうなるのか。装丁家の仕事も同様である。「白地、書体でインパクト出す、数カ月内のマーケットで売れるデザインを」といったキーワード入力をすれば、出版社側の要望をほぼ全て満たした装丁デザインができあがる。それは「売れる」装丁になるだろう。そして、そのデザインを市場に投入した結果が、コンピュータにフィードバックされ、よりミスのない（失敗のない）デザインをつくるための情報が蓄積されていく。「東京〇〇区〇〇店、〇歳〜〇歳の男性が〇人買った」「〇〇区では、手に取られる率半減」「同時期、△社の〇〇が隣で三倍の手に取られる率をあげる。そのデザインは……」こうした情報がインプットされていき、より確度の高いデザインができあがる。もちろん、書店の売り場を構成するのも、書店員の仕事ではなくなる。コンピュータが、「そつなく」おこなってくれるから――。

つまり、人が要らなくなる。

きっと時代はどんどんそういう方向に進んでいるのだと思う。

けれど、とぼくは思う。というか強く感じる。

そんなの、つまらない。

そうやってできあがった本が、デザインが、売り場が、はたして人を揺さぶるだろうか？

本に「魂」は宿るのか？

そんな本、ぼくはぜったい読みたくない。

どれだけ時代がそっちに行こうとも、それはぼくたちがめざすべき方向ではないように感じる。すくなくとも、「原点」ではない。

売れるかどうか。そんな問いが入りこむ隙間もない。ただこの本をつくりたい。形にしたい。原点とは、すなわち思いである。念である。

書き手もデザイナーも編集者も書店員も、誰一人として、コンピュータではない。機械ではない。全員、人間。である以上、機械のように精密な働きをすると形容される人であれ、機械にはたちうちできまい。

だとすれば、人間にできることは、もともと何か。

「いい本にしたい」。編集者がそう強く念ずることで、本来、動くはずのものが動く。当初、想像もしていなかったことを作家が書き、マーケティングからはけっして想像できないデザインが生まれる。

それが、念の力というものだろう。

編集者など、つまるところ、それ以外に何ができるというのか。

……けれど時代は確実に人不在のほうへ流れている。

文平さんの問いの底には、根源的な不安が流れているように感じた。

それは、こういう不安である。

ぼくたちは、このまま、生きていくことができるのか。

自分たちが心地よいと感じる世界を大切にしたまま、それを職業としていつまでもやっていくことができるのか。プロとしてその世界で活躍しつづけることができるのか。

つまり今の延長上に未来はあるのか。

文平さんの問いをきっかけに、ぼくの中で、「編集者とは何か」という問いが巨大化した。

直感レベルにおいては、自分たちの世界にはまだまだ可能性があると思っている。城陽でのオフィス開設は、いうまでもなく、その実践のひとつであった。

ただし、その思いや行動がぼく個人にとどまっていてはいけないのではないか。そう考えていくと、「編集者であること」のもつ可能性がぼく個人を越えたものとしてとらえられるようになった。きっと、その可能性を多くの人たちと共有できるほうがいいにちがいない、と。

そこでぼくは「編集者＝念」説を実験的に検証することにした。「寺子屋ミシマ社」をアレンジする形で。

実験・寺子屋ミシマ社

寺子屋ミシマ社——もとをたどれば、「ミシマ社の三カ月を半日で体感してもらおう」「わが街に出版社をつくろう」、そういう思いのもと始まったワークショップである。二〇〇八年の秋が最初だったと思う。「もしここに集まった人たちで出版社をつくったら」という仮定で「企画・編集」「営業」「仕掛け屋」のすべてを、お客さん全員参加で実践する。その場で企画をたて、その企画を練り、その本をどう売るかを営業的に考え、さらに仕掛けとして実際のPOPをつくる……。

つくるから届けるまで。この一連がつながってこそのおもしろい出版活動、それを体感してもらうワークショップである。「出版は全身運動」といつからか捉えるようになっていたが、脳だけというふうに身体の一部ではなく文字通り全身を使う。出版って、全身で動くと、こんなにも伸びやかさが生じ、そしてそれはこんなにも気持ちいいんだ。その気持ちよさを共有してもらうのが一番の意図だった。この寺子屋がきっかけで、当時出版経験ゼロだった小西智都子《こにしちづこ》さんが地元の高松でROOTS BOOKSをたちあげられた。

城陽でも「本屋さん」を始める前に、二度ほど、この寺子屋ミシマ社をおこなったことがある。どちらもとても盛り上がったが、「本屋さん」のイベントとしては大がかりすぎる。より継続性の高いイベントのほうがいい（通常の寺子屋ミシマ社は、半日がかりで、主催側もお客さんもタイヘンなのだ）。

では出版社であり本屋さんでもあるミシマ社が、ここでやりうるイベントとは何だろう？この視点から考えに考えた。そしてある日思いついたのが、「寺子屋ミシマ社・編集編」だった。ぼくは、募集文面をこう書いた。

本屋さんのイベントといえば、書籍の発刊を記念してのトークイベント。
著者が自著について語ったり、自著を朗読したり、ゲストを呼んで対談したり……わたし自身も、主催側にまわったり、お客さんとして参加したり、何度か出演させていただいたりしたこともあります。
けれど、「まだ出ていない本」について語るイベントってあっただろうか、と考えると……

うーん、すぐには思い出せません。

ちなみに、ミシマ社は出版社です。「小さな総合出版社」を謳っています。

一方で、2012年1月30日より、京都府城陽市で「ミシマ社の本屋さん」を開店しました。

平日12時〜19時のオープンですが、れっきとした本屋です。

その、出版社であり、本屋さんであるミシマ社が、いわゆる「書店イベント」を開くとすれば？　と考えた結果、思いついたのがこれです。

「公開！　著者と編集者の打ち合わせ
まだ見ぬ本について語ります」

当然ながら、一冊の本をつくるには、書き手の方と編集者は何度も打ち合わせを重ねます。

「おし、これでいこう！」と盛り上がり、ある段階で、もう打ち合わせの必要なしと思うのですが、しばらく経つと、「このあたり、すこし深めるほうがいいですよね」などと双方とも不安に思い始める。で、「じゃ、打ち合わせしましょうか」となる。こうした、往ったり来たり、を繰り返しながら、確実に、一冊という頂（つまり、完成）へと近づいていきます。

本屋さんで出会う本たちは、頂に達したものなわけです。

今回、この頂にたどり着く途中の段階を、皆さまに見ていただこうと思いました。

というのも、本ができる過程って、ものすごく面白いんです。

本は一度できてしまえば、内容の変更は一切できません。が、本ができる途中段階では、どんな本になるか、まったくわからない。裏を返せば、アイディア次第で、どれだけでも面白くなる。そんな無限の可能性を秘めているのです。

先ほど、本の完成を山の頂にたとえましたが、一皿の魚料理にたとえることもできます。その魚料理の素材をどう集め、どう調理するのか？

「どう集める」という観点からいえば、無限に向かって放り投げた大網を、形ある有限へとしぼっていくわけです。

ですから、

・まず、どこに網を投げるのか？

・その網をどんなふうにしぼっていくのか？

は、一冊の本の完成において、決定的に重要です。

この過程こそ、編集をしていて、たまらなく面白いポイントといえます。

この面白さを、読者の方々に、すこしでも体感いただければなぁと考えました。

編集のしごとを志していない方にとっても、読書という行為に、これまでと全然違う広がりができるのは間違いないと思います。

前口上が長くなりましたが、今回、第一回目の「ミシマ社の本屋さん」イベントとして、このようなことを考えました。

・テーマ　寺子屋ミシマ社・編集編　もし光嶋《こうしま》さんがミシマ社で本を書くとしたら

・出演　光嶋裕介《ゆうすけ》氏（建築家・『みんなの家。』著者）＆三島邦弘（ミシマ社）

・日時　2012年8月28日（火）　19時〜　＊質疑応答、サイン会含め2時間

・内容　「もし光嶋さんがミシマ社で本を書くとしたら」

ということを前提に、編集者・三島が、著者・光嶋さんと打ち合わせをします。

「前著『みんなの家。』をふりかえって」

「ところで、最近どんなお仕事をされてますか？」

「なるほど〜、そんな日々のなかで……」

なーんてふうに進むかは完全に未知数。

それは、あらゆる打ち合わせが、打ち合わせをしてみるまで完全なる未知数であるのとまったく同じです。

その臨場感を、ぜひご体感くださいませ。

寺子屋ミシマ社・編集編　ですので、皆さまにも、企画を考えていただく時間を設ける予定です。

では早速、その臨場感をどうぞ！

と発声する前に、なぜ著者候補が光嶋さんであるのかを説明しておくほうがいいだろう。建築家でありながら、ドローイング集も出すほどの絵描き。すこし話せば、専門の建築についてはいうまでもなく、旅、音楽、スポーツ、絵画、映画、舞台と話題は尽きない。すさまじい好奇心と向上心の持ち主。

光嶋裕介とはこのような人物である。

もっとも、企画時点では挨拶を交わした程度の間柄だった。ただ、すこしのコンタクトのなかで、この人には、まだ表に出ていない壮大な可能性があることをどこかで感じた。もちろん、そのありかはわからない。けれど、というより、だからこそ、その可能性に向き合わずして「編集者」を名乗ることはできない。編集者としての血が騒いだといっていい。

いずれにせよ、こうして開催した寺子屋ミシマ社・編集編だったが、もうひとつ自分のなかで並々ならぬ意図があった。それは、参加者全員に「編集者」になってもらうことであった。「編集者＝念」の実験である。

＊

かつてはぼくは、編集者とは、見えないものを映す鏡と考えていた。編集者という自身の仕事のことを、文平さんとの対話より数年前の時点で次のように書いたことがあった。

編集者ができることといえば、せいぜい、書き手の中に眠っている話を書き手に見えるようにすることくらいだ。

鏡となって、著者を映す。

ただし、なんでもかんでも映すわけではない。書き手が書くにあたって必要なことを映すのだ。

動く鏡として。

必要とされているときに、少しでも欲しいものを映すことができたらと思っている。

願わくば、著者も気づいていない著者の中に眠っているアイディアの種を映すことができればいうことはない。

（2009年12月15日ミシマガジン連載「ミシマ社の話」より）

このような気持ちではいたものの、これだけだと専門の域は出ない。誰もが本づくりをするわけではない。そんなことを考えていた二〇一二年の夏の日、ある本のイベントで広島に行く機会があった。広島の路面電車のなかで、そのときたまたま能楽師である安田登《やすだのぼる》先生の『異界を旅する能』を読んでいた。そしてこの表現に出会った。

能の主要な登場人物には、シテとワキという二人がいる。（略）シテと会話をし、シテの話を引き出すが、しかしシテの話を引き出し終わると、舞台のそれこそワキの方で、木偶《でく》のごとくひたすら座っているだけの存在になってしまう。（略）

「そんなこと言ってもねえ」とか「わかる、わかる」なんて、下手に口をはさまず、ただ聴く。「何もしない」ということを全身全霊を込めてする。

（安田登『異界を旅する能』ちくま文庫）

「『何もしない』ということを全身全霊込めてする」

なんと潔い表現だろう。わが意を得たりとはまさにこのことだった。もちろん、編集者をさして語られたものではない。能楽において、シテ（異界）をつなぐ存在であるワキの役目を、ワキ方である著者がそう表現したものである。ワキが「何もしない」を全身全霊込めてやるからこそ、これまで何百年来誰にも語ることができずにいた話をシテが話し出す。安田氏はシテとワキの役割をそのように解釈したのだ。ただ、このたったひとことこそ、自分のめざす編集者像を言い当てたものであった。この言葉に触れるやいなや、わが内に革命が起こった気さえした。喜びを共有したくて、車内の人たち全員に「やりましたね」「やりましたね」と握手してまわろうとする自分を抑えるのがやっとであった。

「何もしないを全身全霊」で――。これこそが、編集者の役割。まさに「念」である。

ぼくはさっそく、この「発見」を光嶋さんとの寺子屋で実践することにした。

寺子屋の冒頭で、参加者の皆さんへこう述べた。

「安田登先生の本の一文に出会い、自分の仕事が見えました。

『「何もしない」を全身全霊で』する。これこそが、編集者の役割だと思ったのです。いま隣に書き手である光嶋さんがいます。この書き手に対して編集者ができることは何か。それは、『何もしない』を全身全霊ですること。それしかありません。というのも、書くという行為は書き手にしかできません。編集者ができることは、書き手がおもしろい本を書くことを祈ったり、願ったり、あるいは相談にのったり、そういうことしかできません。けれど、その何もしないを全身全霊でやりぬけるかどうかが決定的だと思っています。

この寺子屋ミシマ社は、本が生まれる瞬間を体感いただく、というイベントです。ので、今日は皆さんも編集者です。何時間後かにものすごくおもしろい企画が動きだし、光嶋さんが書いてくださるよう、ぜひ念じてください。

ぼくは今日、全身全霊で何もしません！」

隣に座っていた光嶋さんは、「えええ、じゃあ、今日、俺だけがしゃべるの？」と苦笑を浮かべていたが。

実際には、寺子屋終了間際、ぼくが参加者の方々に御礼を述べていると、隣から光嶋さんの鋭いつっこみがきた。

「何もせえへん、って言いながら、今日、めちゃめちゃしゃべってたやん！」

……。ともあれ。

夢の建築10、絵本、英語を話す「ブライアン」人格コウシマユウスケの物語（光嶋さんは帰国子女のバイリンガル）……読者としてどんな本になるんだろうとワクワクしてくる企画が何本もとびだした（そのうちのひとつ、絵本の企画は絵本出版社から彼のほうへ正式にオファーがあった）。

大盛況、大成功。そう言ってもいいだろう。

同時に、個人的にも、意図したことのひとつが実現した、という感触があった。前述のとおり、参加者全員が編集者になるということである。

このときの寺子屋は参加者と光嶋さんが一心同体と化したように、場が渾然一体《こんぜんいったい》となった。その場の空気が光嶋さんのなかの何かに火をつけた。事実、思ってもみない（事前に用意してくれていたようだが、それとはまったく違う！）話が彼の口からつぎつぎと飛び出した。光嶋さん自身、イベントの最後に、「一人ではとうてい思いもつかなかったアイディアがいっぱい出てきました」と感想を述べていた。

その後も、平尾剛《ひらおつよし》さん、江弘毅さんらと「寺子屋ミシマ社・編集編」をおこない、同じような現象が起きた。

編集者の経験がたとえゼロであっても、寺子屋に集まった一人ひとりが目の前の著者を動かそうと真剣になったとき、しかるべきアイディアへと書き手を誘い、そうしたアイディアを含めた場全体が著者を揺り動かす。

感知し、届ける。その身体性を人は有している。

コンピュータがけっしてもつことのできない身体性を人間は宿している。

一連の寺子屋で、そう実感するに至った。

おそらく、編集者、出版人にかぎらず、こうした身体性は、現代に生きていくために必須にちがいない。そんな仮説を強くしたのだった。

しかし、一方で「メディア」に載って伝播《でんぱ》する話は、真逆のようなものばかりであった。そのうちの一つが、むろん電子書籍脅威論だ。

電子書籍脅威論の正体

二〇一一年七月――。

『透明人間⇅再出発』の写真家・青山裕企《あおやまゆうき》さんと、造本装丁コンクール授賞式への道すがら、たまたま電子書籍の話になった。授賞式の会場が東京国際ブックフェアと同じだったので、「電子書籍」という文字がそこここでやたらと目についたためだろう。

「本づくりは、ほんとワクワクしますよね」と言ったあと、青山さんが面白いことを言い出した。「けど、不思議なことに、アプリつくりませんか、とか電子の話になったとたん、全然ワクワクしないんですよね」

ああ、やっぱり……。「ぼくもまったく同じです」とうなずいた。

実際のところ、読んでいる中身は同じであれ、それをつくっているときの気持ちのワクワク度がまったく違うのだ。

読者の方々のなかには、電子「書籍」という名前に引きずられ、そのコンテンツ制作についても、通常の本づくりと変わらぬ行為を想像する方もいるかもしれない。たしかに、活版印刷などの時代と違って、データ入稿が当たり前の昨今、ほとんどその制作工程は一緒である。データを入稿したのち、それが刷られるか、デジタルの読み物になるか、ただそれだけの違いにすぎない。

だが、「ただそれだけ」の違いが、作り手たちの気持ちには、「ずいぶん」な違いとなって表れる。紙の本づくりが旅とすれば、電子書籍はあくまでビジネスの範疇《はんちゅう》にある（おかしなことに、動くお金の額は紙のほうがはるかに大きいのだけど）。旅はときに孤独で、ときに未知との出会いを生み、ときに成長をもたらし、ときに、ただ無為である。それに対し、ビジネスで求められるのは最短距離で最大の成果を得ること、それに尽きる。

編集者にはビジネスセンスはある程度必要であってもいいかもしれないが、ビジネスパーソンであってはいけないと、常々考えていた。そういう意味でも、結局のところ電子は編集者心をくすぐらない。

「ですけどね」と言って青山さんは、なにかをたくらむ悪戯《いたずら》好きな少年の顔をした。

「ぼくたちは紙で育ってきたからそうなんじゃないですか。けど」

（けど……）

「もしパラレルな世界がどこかにあって、そこでは紙がなく、最初から電子しかなかったとしたら、それでもぼくらはワクワクしてないんですかね」

なるほど。この「もし」は面白い。生まれたときから紙に触れているから、紙の本づくりにワクワクする。しかし、もとより紙に触れたことがなければ、むしろ電子のコンテンツづくりに心躍るのではないか。

かつて、「電子書籍」というものが鳴り物入りで紹介されるとき、こんな文句が添えられることが少なくなかった。

「革命的な読書体験が始まる」

――グーテンベルクの発明以来、人類は大きな知的進化を遂げてきた。印刷という技術を手にしたことで、ヨーロッパでは宗教改革が起き、科学革命を促した。近代は、この技術をもってはじまりを迎えるといって過言ではないだろう。

あれから五百年強が経ち、ふたたび人類はまったく新しい読書法を得ることになる。

たった一台、ノートサイズのタブレットを持つだけで、何千冊もの「本」を世界中どこへでも持ち運ぶことができる。そこでは蔵書という概念すらなくなる。もう、収納に困ることもなくなるってわけだ。しかも、知らない単語が出てくれば、たいそうな辞書を引きだすまでもなく、瞬時に調べることだってできる。これまで人間をしばってきた物理的制約（重かったり、空間を占領したり……まったく言い出せばきりがない）から、ついに解放されるのだ！

言い換えれば、さまざまな制約から解放され、人間はついに読書という行為においてすら、自由を手にする。これを革命的な読書といわずして何がそうであろうか――。

言ってることはわかった。ところで、あなたはだあれ？

そんな疑問とともに、先の惹句《じゃっく》を目にした人も多いのではなかろうか。

青山さんが提示した「もし」を聞いたとき、ぼくのなかでも、この「知ったかぶり君」が登場していた。ただし、このとき彼が語る内容は先のものとはちょっと違っていた。

「革命的な読書体験が始まる」

――デジタル・ブックが淘汰される⁉

いや、これを否定的な言葉で語るのは適切ではあるまい。人類史上（と断言したい）、稀《まれ》なる大進化を遂げようとしているのだから。

そう、これまで「なかった」ものをついに手にすることができたのだ（まったく夢のような話だ)。

その名も、ＫＡＭＩ。

奇《く》しくも「神」様と同じ音をこれにつけたのは、わが同胞の面目躍如にほかならない。いや、たしかにたしかに。けっして触れることも見ることもかなわぬ「神」が、天孫降臨、わが人類のもとへ降り立ったようなものだ。

そこに文字を刷る。そして読む。

すると、ふしぎ不思議、まるで神社仏閣に訪れたかのような、あるいは大自然の大海原に身を委ねるような感覚を得られるではないか。

事実、刷る者はそこに魂をこめるという。そしてその魂はＫＡＭＩという触れることのできる物体を通じて、読む者のうちに入り込んでくる。こんな体験、空想の産物でしかありえなかったではないか。

そういう意味でも実に言いえて妙。この物質、やはりカミと呼ぶしかない。

いずれにせよ、カミの本を読むという類の「読書」を体感した人類はいま、まさに革命をその内に起こしているのである。流れていく電子の文字を「追う」という読み方ではない、五感を揺さぶる読書体験。この進化系の読書はすなわち、人類そのものが一歩も二歩も進みうる可能性を包摂しているといえよう。

さあ、みなさん。見て、触れて、匂って、感じて……革命的な読書体験を通じ、自分のなかに革命を起こそうではありませんか——。

もし電子しかない世界に生まれていたら……。きっと人間は「KAMI」を発明していただろう。

青山さんの「もし」を聞いた瞬間からこんなことを考えていた。

もし、この仮説が成り立つならば、ぼくたちはもう何百年も前から、革命的な読書体験を身体化しているといえる。

もちろん、本当かどうかはわからない。けれど、人間はつまるところ「より便利」なほうへと流れていく生き物だろう。

とすれば、まちがいなく「より便利なもの」「機能性の高いもの」としての紙を生み出していたにちがいない（かなり高い確率で当たっていると思う）。

そして同時に、人間は新しいものが好きな生き物でもある。だからこそ、企業は新商品をこぞって出そうとやっきになり、事実、「新商品」から売れていく。同様に、新しい存在である紙が、いっきに電子書籍を席巻する、なんてことも、そっちの世界では起こりえるかもしれない。

そんなふうに考えると、現状、圧倒的に紙が好まれ、クリエイターたちがよりワクワクするのが電子より紙というのは、すでに電子は「新しい」ものではないから、ではなかろうか。たまたま商品になる順番が逆になっただけで、紙のほうが実際には新しい。

つまり、革命的読書体験をぼくたちはすでに身体化してしまっている。カラダになじみすぎてしまっているがために、それがいかに新しいか、普段は気づかないでいる。それが「真相」なのかもしれない。

視点を変えて、「新しい」の意味を掘り下げてみよう。

人は、新しいものをなぜ好むのか。

この問いの答えのひとつは、「そこにより新鮮な生命《いのち》があるから」が妥当だろう。もっとも生命力あふれる存在である赤ちゃんが、見る者を虜《とりこ》にしてやまないのはそのためだ。とすれば、こうも言い換えられる。

「新しい」ものとは、それに触れる者の生命を新しくするもの——。

そういえば、革命の「革」という字は、「あらたまる」「あらためる」の意味を宿している。つまり革命とは、何も既存勢力を覆すことを指すわけではなく、命をあたらしくするというのが本来的意味である。

これまで何度も使ってきた「革命的な読書」とは、事実、生命《いのち》をあたらしくする読書を指すのだ。

このような観点に立つとき、果たして、紙か電子か、どちらがより「新しい」か。どちらが、人をより生き生きとさせるか。五感をフルに使った身体性をより高めるのはどちらか。

風雪に耐え、より人間の生命力を高めたものは、digital か KAMI か。

答えはカミのみぞ知る。とうそぶくのはよそう。すでにわが肉体が感知しているのだから。

*

つまるところ、電子書籍のもたらす脅威はこういうことではなかろうか。

必ずしも電子書籍によって紙の書籍が駆逐されるということではない。それよりも、本来的なつくり手（書き手や編集者）がいなくなってしまう。ワクワク感もなければ、何らかの切実さから出発するわけでもない。ただビジネスとして割り切って、つくるだけ……。おそらく、ゲームクリエイターが新ゲームをつくるとき、ワクワク感に突き動かされているだろう。自分が考案する映像やストーリーで、プレイヤーを夢中にさせる。こんなリアルな映像でゲームができるのか、と遊ぶ者をうならせたり、精巧に練り上げられた構成に度肝を抜かせる。そんな現象を起こすことも夢ではない。けれど、「ブック」にかぎれば、ＫＡＭＩと比べ、電子はそうした感覚を揺さぶる点において劣化する。五感レベルで劣化したものをつくるとき、はたしてつくり手は、紙のときのようなワクワク感をもってつくりうるだろうか？　そうとう削った形でしかできないのではないだろうか？

そういう事態を予感しての脅威ではなかろうか。

その意味で、たしかにいま、脅威は着実に浸透しているといえる。

つくり手のやる気を失《う》せさせる――。

もちろんぼくとてその脅威から無縁ではいられない。編集という仕事にワクワクしているし、編集者という存在にしかできない念の力を信じてもいる。けれどメディア周辺からは「次世代を担うのは電子的クリエイター」といった声ばかり。しかも、追い打ちをかけるように、経営的にも壁にぶちあたった。経営的に何の問題もないのであれば、城陽にいて、東京的メディアの声に耳を塞いで、わが道を歩んでいればいい。ところが現実は、ちがう。城陽という選択肢が行きづまったばかりか、電子という選択をもとから放棄しているミシマ社とは対極的に、世界経済はアルゴリズムが支配しつつある。

そう考えると、ＫＡＭＩに頼らざるをえないほど、本当はとても不安だったのかもしれない。

この時代の不安のなかで

二〇一二年十二月十七日。この日がいったいどんな日だったかおぼえているだろうか。このちょうど一週間前の十二月十日に、城陽にある某ハンバーガー店で自らの心情をこんなふうに書き留めている。正確にいえば、本書のまえがきとして書いたものだ（ついに、まえがきになることはなかったが）。そのなかで、わが内なる新種の不安について、赤裸々に言及している。

*

二〇一二年が終わろうとしている。一週間後には総選挙がおこなわれる予定だ。メディアによれば、二〇〇九年に政権をとった民主党に対し国民がノーを突きつける。第三極と言われる日本維新の会や日本未来の党は未知数。結果、自民党の「圧勝」らしい。そのことの持つ意味はぼくにはわからない。そもそも、この本が出るころには選挙結果などはるか昔の話のこと。まして選挙の一週間前にどのような予測がなされていたかなんて話題が、人々の口の端にあがることもあるまい。結果がどうであれ、現実が目の前で進行しているのだ。目の前の新たな問題に対して右往左往するのが関の山だ。もちろんぼくとて、選挙予想を繰り広げるつもりは毛頭ない。

ただ、いいようのない不安がある。

かつてないような不安がある。これだけは確かである。それ以外の何も、確かでないといってもいいくらいだ。

選挙を前にこのような不安をおぼえるのは、初めてのことかもしれない。というのもぼくなど、これまで誰に投票したか、どの党を支持したかさえ、さらさら覚えていないような人だった。投票しておしまい。

実際、主体的にぼくがどこかの政党を支持したのは生まれてから一度きりだ。もう中学生になっていただろうか。一九八九年、プロレスラーのアントニオ猪木がスポーツ平和党を立ち上げ、参議院選に立候補した。当然、当時のぼくには選挙権はない。だけど、ものごころついて以来、絶対的ヒーローであった猪木の立候補だ。支持しないわけにはいかなかった。で、選挙権のない少年はどうしたのか。というと、母親に頼み込んだ。「お母さん、スポーツ平和党に一票を」。そのときの情景は、驚くほどよく覚えている。投票所となっていた小学校の体育館にまで母親についていき、母が投票するのを後ろで見守った。母が投票を終えるやいなや訊ねた。「スポーツ平和党にいれた？」「……」無言の母に対し、重ねて訊いた。「なあ、なあ？」

ちなみに、あのとき猪木が掲げた方針、当今風にいうマニフェストは、これだ。「国会に卍《まんじ》固《がた》め！　消費税に延髄斬り」

今思えば、わざわざ党名を平和党とするまでもなかったろう。日本はいかにも平和だった。

ところで先ほど、ぼくはさらりと「メディアによれば」と書いた。ぼくたちは「メディアは」といった表現をあまりに無自覚に使う。読むほうも特には気に留めなかったかもしれない。が、さすがにぼくは自覚して使った。選挙で誰に投票したかは忘れても、自分がメディアの人間であることを忘れることはない。

申し遅れたが、ぼくは出版メディアという場所に身を置いている。タコにはタコの、イカにはイカの、ウナギにはウナギの、そしてぼくにはぼくの最適な棲息地《せいそくち》がある。ある、と断定したが、あってしかるべきだろう。少なくとも実感として、出版メディアという場がぼくにとってのそこだと自分では思っている。

なのに、「メディアによれば」などと少し冷めた表現を使った。これじゃまるで部外者ではないか。

「これこそが、日本社会にはびこる当事者意識のなさってやつさ」

そんな批判がすぐにでも聞こえてきそうだ。そう考えるだけで心苦しくなる。なぜ心苦しくなるかといえば、当事者意識がないなんてことはありえないからだ。というのも二〇〇六年に出版社を自らたちあげ、この出版という世界で生きることを決意している。当事者であることを全身で表明したようなものだ。

もちろんぼくだけでない。周りを見回しても、誰もが責任感をもって自分たちの職に打ち込んでいる。作家の方々はもとより、会社に属する編集者も、出版社の営業マンも事務員も、書店員も、デザイナーも、校正者も、ライターも、見事なばかり皆が。そして、である。

そうして真摯《しんし》にメディア業に勤《いそ》しむ皆が違和感を抱いている。自分たちが日々コツコツがんばり、愛着をもつ仕事とは別の文脈で、世間では「メディア」が語られることに。と同時に、自身も「近ごろのメディアはさぁ」などと、どこか自分とは遠いところにあるもののようにメディアという言葉を使うことがあることに。

つまりこういうことだ。

自分たちの身を置くところ、一人の個人が精を出して働く場としての場所と、「メディア」と総称されるところとは、ずいぶんと乖離《かいり》しているのではないか。

誤解を恐れず言おう。

世間で言われる「メディア」と、ぼくたちが日々向き合うメディアは、まるで別人である。地味な自分と派手な「メディア」、ちいさな一人と巨大拡声器、個人の意思と正反対な意思……個人とメディアが別の生き物であるかのように個別に存在している。

おそらく、この感覚はなにも出版業にたずさわる人たちだけのものではなかろう。少し外に視野を広げれば、多くの「まじめ」な人たちは同じような感覚を抱いていることに気づく。テレビマン、教師、医者、政治家、公務員、銀行員……世には数えきれない職業があるが、一人ひとりの個人は、たいてい、とてもフレンドリーな人たちである。だが、「最近の教師の対応といったら……」「銀行員の無神経さといったら」などと言ったことを口にしたことは誰もがあるのではないだろうか。事実、能面さながらの対応をする人たちを見ることもしばしばある。

「私どもは存じ上げません」

「それは◎◎課の担当です」

ここまでひどくなくても、個人の感覚を遠く離れた行動をぼくたちは日々のなかでおこないがちだ。

「個人」が「総称」となったとたん、機能不全が生じる。違う力学が働いている。そうとしか思えないくらいに。

それが、個人をひどく息苦しくしている。大げさではない。呼吸困難にまで追い詰めている。むろん、人間は環境適応動物である。でなければ、太古より現在に至るまで生き延びてくることはできなかったはずだ。

今でいえば、人がその環境で生き延びようとすれば、総称へと働く力学のほうに順応するしかない。あるいは、感覚を麻痺させるか。そのどちらかが大半であるかもしれない。

しかし、ぼくの周りが例外なだけなのか、そのどちらにも伍しない人たちもちゃんといる。彼ら・彼女らは、じっと身を小さくして、「総称」のほうに流されないよう耐えている。大波に流されず、岩にしがみつく海藻のように。

けっして感覚を麻痺させて、ではない。

逆だ。自分たちの棲息地が消えてなくならないよう、五感を研ぎ澄ませている。ぼくの場合、小さな出版社をつくることで、なんとか呼吸できる小さな場所を確保したが、それぞれがそれぞれのやり方で身を守っている。

いずれにせよ、これまである棲息地に住むには、三通りの方法があったといえる。

ひとつは「総称」へと適合する道、ふたつ目は感覚を麻痺させる道、最後のひとつは、そのどちらでもなくその棲息地で小さく生きるという道。

だが、前の二者をつづけるかぎり、日々の実感・実体と、自分の属する世界のイメージと総称が形づくる実体とは、大きく乖離したままだ。根本的な解決にはなりやしない。そして三番目のやり方は全体の流れをすぐに変えるには時間がかかる。

そこで、ぼくは四つ目の可能性に気がついた（つい数分前に！）。

それは、こういうものだ。

たとえば出版社であれば、自分たちのほうへ、「メディア」と総称されるほうの実体を近づけていく。自分たちが実感として感じている世界のほうへ、肥大化した世間イメージのほうを縮めていくのだ。

最適である世界へとその世界を戻す。

教師が最適であったはずの人は教師として最適な場に。

タコはタコ、イカはイカ、ウナギはウナギの、それぞれ住むべき最適な場へ、もちろんドラキュラはドラキュラの。ドラキュラが人間を名乗ることがおかしいように、メディアと「メディア」は同じではない。

だが、ドラキュラが人間を名乗るような社会になれば、やがて人間は自分たちの居場所を失うことになるのではないか。

ウナギ本来の棲息地が失われるとき、ウナギはウナギでない生き物へと適合しなければいけなくなるだろう。とすれば、ぼくたちの社会はいま、作家というもの、デザイナーというもの、編集者というもの、医者というもの、教師というもの、銀行員というもの、を失いつつあるのではないか。この瞬間にも。

では、いったいぼくたちは何になろうとしているのか？

＊

城陽という町だったせいか、それとも当時の状況が反映していただけだろうか。切迫した空気のなかで書いていたのが、自分でもよくわかる。

ところで一年経った現在から見て、ここで指摘した不安は払拭されたのか。つまり、それぞれの職業がそれぞれ本来の役割に回帰していっているのだろうか？

答えは、残念ながらノーだろう。むしろ逆の方に向かわされていると思わざるをえない（特定秘密保護法が採決されたこと、これひとつを挙げれば十分だろう）。

それにしても、と思わざるをえない。

もう、すでにこのころからぼくの感覚はおかしくなっていたのではないだろうか。というのも、政治の雲行きのあやしさと自分たちの居場所のなさを結びつけて考えるなんて……。たしかにキナ臭さは満点だ。言論に関わる人間のひとりとして、全体の動きにたいして敏感であるべきだし、自覚的であるべきだとも思う。しかし、そうであればあるほど本来なら、行動として表れているものだろう。

感覚がおかしくなっていたのではないか、と自問するのは、この点においてである。動いていない。動いたのは、城陽に来るところまでであって、城陽に来て以降ではない。このときのぼくは動いていいないのだ。

城陽のマクドナルドで腕組みなんかして、iPhoneで音楽を聴いたりして、中学生たちの騒がしさにひとり栓をして、評論家ぶって世を慨嘆したりして。そうして自らが生んだ不安に押しつぶされんとす……。

そうか。これまで挙げてきた不安は、ぼく自身がつくりあげたものなのかもしれない。電子書籍脅威論しかり、この時代の不安説しかり。いずれも、この地で自らの本分である編集の仕事がままならぬストレスが生み出した不安といえないだろうか。

現場に、最前線に、立っていない。

そのことが生むストレス。現場から離れていることが、ぼくの感覚を鈍くしてしまっていたのではないだろうか。

さらにいえば、最前線と遠く離れた距離感がネットへの依存度を高め、いっそう感覚を鈍化させることに加担していた。

そう考えると、それから一カ月が経とうというタイミングで京都進出を決めたのは、当然のことといえる。ようやく動き出した結果だったのだ。むしろ感覚がこれほど鈍っていなければもっと早かっただろう。

失いつつあると感じた編集感覚の正体はつかめた。それは収穫といってよい。まあ、なんてことはない。現場感覚のことだったのだ。

＊

京都にオフィスを移し、その半年後の二〇一三年十月に自宅も京都市内に引っ越した。それからは数カ月に数度のペースで城陽に通うようになった。毎週土曜日のみ限定開店することにしていた「本屋さん」でぼく自身、店番をするためだ。そうして通うようになって実感することがある。

狭い道を抜けると、国道の角に背の低い柿の木が一本あり、寒風に耐えている。古い民家と新しい建物が散らばっている。空が近い。夜になれば、星の瞬きが見る者を楽しませてくれる。紛《まご》うことはない。

そこは、棲《す》まうところである。

刺激を求めて人が集うところではけっしてない。何かをおこなうために集まるところでもない。すっと、そのことが腹におちてきた。

ねずみ的なるものを仕事に活かそうという発想は、本来、場のもっている力を活かそうとするものだろう。ねずみが来ないように結界をはりつつも、風通しの良さを維持し、その土地の、その外界のもつプラスの空気をぞんぶんに吸いこみ、エネルギーに変えていく。そういう発想であったはずだ。

〈駐車場にぽっかり浮かんだようにして一軒家がある。〉

城陽オフィスの場所を、かつてそのように表現したが、事実、浮かんでいる。それはとりもなおさず、町と切り離されたところで出版社が存在していることを言い表してもいたのだ。

静かな住宅地の一角に、ぽっかり浮かぶ一軒家。そこだけが、突如、燃え上がるクリエイティブの火で煌々《こうこう》としていた。ただし、近所の人たちにとっては焚き火代わりにもならぬ火の熱さであった。

その熱さとて、長くつづくわけもない。自家発電をつづけるには限界があるということをぼくは失念していた。

この地には自分たちの仕事がなかった。少なくとも、現時点においては——。ようやくその現実が臓腑にまでしみわたったのだった。

IV

「競争してはいけない。競争は常に種に有害なものである。そしてそれを避ける方法は幾らでもあるのだ。」これが自然界の傾向である。（略）

人間のように防禦力の乏しい生物が、その原始時代に、他の諸動物と等しく保護と進歩との途を相互支持に求めないで、個人的な利害の暗闘に求めなければならなかったなどと主張するのは、これまた明らかに自然についてのすべてのわれわれの知識とまったく相反することである。（略）

無制限の個人主義は近世の発生物であって、原始的人類の特質ではない。

（ピョートル・クロポトキン、大杉栄訳『相互扶助論』）

先に述べたように、京都進出によって脱記号の一歩を踏み出した。同時にそれは、感覚回復のための起死回生の行動でもあった。なぜなら、ミシマ社城陽プロジェクトの実態は、ぼくに強烈な事実を突きつけたのだ。

そこに自分たちの仕事がない——。そしてその証拠に……。

社員が辞めた。

創業以来、一人も辞める人がいなかった自社において、二拠点体制以降、二人のメンバーが抜けた。そしてその二人はいずれも、城陽に残ってもらった二人だった。

皮肉なことに、京都市内に移ってから、ぼく自身の感覚は戻っていく。その過程をこれから語りたい。

その前にひとつ。

京都進出を決める直前、ぼくはちがう形で感覚回復を試みていた。そのやり方はけっして得策とはいえないのだが、一時的には効果を生むものであることは確かである。

具体的には、身動きのとれない地で、なんとか自分のパフォーマンスをあげようともがいた。その一環として、過去に自分が書いたものを見直した。すると、震災前のことでもありうっかり忘れていたのだが、かつて、自身の仕事の本質に近づきたいという意識のもと、自分たち世代がこうむった経験とからめて考察したことがあった。
二〇一〇年の秋、「世代論で抜け落ちてしまうものを」と題してメディアがぼくたち世代に与えた罪について、そしてその回復の仕方について言及していた。

（二〇一四年一月記す）

僕らの世代を取り戻せ！

「世代論で抜け落ちてしまうものを」

世代論というのが、あまり好きではありません。

というのも、どんな世代にも「いい人」はいますし、「悪い人」もいるからです。

たとえば団塊の世代といっても、おもしろい人もいれば、偏屈な人もいます。学生運動をした人もいれば、完全に蚊帳《かや》の外だった人もいます。なにせ、絶対人数が多いですから、ひとくくりにはできません。ぼくも、三十五年生きてきて、そのあたりはそれなりにわかってきたつもりです。

七〇年代中盤生まれのぼくらの世代は、団塊ジュニアといわれたり、ポストバブル世代といわれたり、最近では「ロストジェネレーション」というふうにもいわれてきました。

ですが、どれもこれも、よくわからない。

少なくともぼくの「実感」では、「そんなことはないだろう」としか思えません。

一体いつ誰が「ロスト」したの？

それが率直な思いです。

また、二〇〇〇年以降、「親が偏差値の高い大学を卒業し、かつ高収入の家に生まれ育った子どもが、高学歴をつみ、高収入を得る率がどんどん高まっている」という主張が盛んになります。

つまり、白鳥の子は白鳥になる。

生まれながらにして所得と学歴は親のそれに比例するもんなんですよ。

単純化していえば、そういうことです。この現状に対し、警鐘を鳴らす人たちもいました。

日本は、本来、努力すればナントカなる社会だったのに、と。

しかし、そのような反論はかき直され、格差社会という概念が一般に定着化する方向に向かいました。そして「世間の目」はどんどんと硬直化していきます。

生まれながらにして決まっている。努力しても報われない。

そんなふうに。

ですが、ほんとうに「そう」なのでしょうか？

当たり前ですけど、「そう」だったら「ものすごく」つまらなくないですか？

もし本当に「そう」なんだとしたら、そんな社会こそ、ぶっこわす必要があると思います。

もし本当ならば――。

けど、ぼくは自分の実感として、実際は「そう」ではないと感じているわけです。

メディアで流れる社会は、硬直化の一途をたどっているけど、実際の社会は今も昔もそんなに変わらないんじゃないか。もっと柔軟性のあるものではないのか。

すくなくとも収入と学歴なんてものは大して関係ない。

もし関係あるとしても、そういうものを求める「一部の」人たちにであって、面白いことを求めて生きる「ふつうの」人たちにではない。

メディアの片隅に身をおくひとりの人間としては、「硬直化しているよ」とアナウンスし硬直化のほうに向かわせるよりも、あるいは「ぶっこわそうぜ」と居丈高に叫ぶよりも、自分の実感に近い「ほんとはずっと柔らかな社会」の姿を伝えていきたいと思うのです。

と、いきなり結論めいたことをいってしまいましたが、ぼくの実感がどこにあるのか、をひとこと申し上げておきます。

たとえば、自分は大学を出ましたが、ぼくの親戚を見回しても、「大学出」は片手の半分も使わないで数えられるほどでしょう。

親の収入なんて聞いたこともありません。自営業だったので、それなりのときもあれば、「びっくりするほどない」ときもあったと思います。

でも、だからといって、ぼくが勉強しても報われないと感じたかというと、そんなことは一度だってありません。そもそも勉強することで何か報われたいと思ったことなどありません。勉強はしたいと思ったときに「ただ楽しかったから」やっていました（良い企業に就職するために勉強するなんて発想などこれっぽっちもなかった。だってこれを超えるカッコ悪い生き方なんてないことぐらい子どものぼくでもわかっていた。それに、そんな動機で勉強しても楽しくなりようがない）。

逆に、現状を抜け出すために必死にやっていたかというと、それも「まったく」ありません。ほんとうにまったく。

というのも、自分が恵まれていないなどと思ったことがなかったのです。

「みんなこんなもんだろう」と思っていました（まあ、おもしろいことをいつかできるようになりたい、そういう思いは確実にありましたけど）。

そんなぼくにとって、「君たちは失われた世代、損をこうむっている世代なのだ」と言われても、まったく「しっくり」きませんでした。

勝手に「失われた」ことにしないでくれ、と思いました。

そう思えたのは、ぼくが特別だからではありません。

「高学歴かつ高収入」の親なんて、日本のふつうの町ではめったに遭遇できないように、「ロスジェネ」も自分たち世代の多くに当てはまることではない。

日本のなかできわめてレアな意見がまるで多数派のような声となって伝わっている。それがメディアのうちにいながらにしてぼくが感じた、メディアへの違和感でした。


だからこそ自分はこうありたいと思うようになりました。たとえば「ロスジェネ」といったときに、抜け落ちてしまう人々に届く本を出していきたい、と。

ぼくというひとりの人間は、たしかに「七五年生まれ」で「この世代」だけれど、「この世代」でいわれていることは自分に当てはまるものがほとんどない。そう感じているのだから。

（「ミシマ社の話」２０１０年11月２日更新より）

＊

メディアから流れてくる自分の世代に自分がいない。どこをどう探してもいない。結果、そこにメディアがもつ暴力性をみることになった。

この暴力性とは、言い換えれば「呪」、だと思う。

一度唱えると、その言葉に引きずられてしまい、やがてその言葉にがんじがらめになる。ぼくらは失われた世代だ、最初から損する世代なのだ……そう唱えれば唱えるほど、それ以外の可能性がなくなってしまう。

なにもロスジェネだけではない。まさに呪にとらえられたという経験がぼく自身にもある。そのなかでもっともひどかったと思うのが、「終身雇用・年功序列の崩壊、成果主義の導入」というやつだ。働きはじめて数年後（二〇〇〇年代初期）、突然、言われ出したかという間に、いっきにメディアを席巻した。終身雇用・年功序列が真に「悪」であるかのような勢いで。

情けないことだが、ぼくもその台風から無害ではいられなかった。どころか、加担者にさえなった。ある日、先輩から聞いた話がぼくのなかで化学反応を起こした。

「いまって、正社員の口って少ないでしょ。だから会社は、それを逆手にとってるわけ。ホワイトカラーのブルーカラー化。何十時間働こうが関係ないわけよ。結局のところ、労働時間ばかりが増えて、給料は減る。五十歳代の人たちに高給を与えるために。けど、俺らが上になったときは、もうそんな高給はもらえないわけよ」

聞いた直後は、曰くいいがたい違和感を覚えた。

（ん？　そ、そうなのか……。ぼくは楽しくて仕事してるけれど）

たしかにぼくはこのような違和感を抱いた。

が、単純化されたストーリーは、事実、「わかりやすい」。そのわかりやすさ満点の話を目の前で熱をこめて展開されると、そうなのかもしれない、という気にもなる。まして、聞いたばかりの話に、身に覚えのあることが含まれていればいっそうだ。

（たしかに、過剰な労働量と労働時間、どっちをとっても実体としてはブルーカラーの仕事だ。むろんブルーカラーをどうこう言いたいわけじゃない。ただ、自分が使い捨てにされていく感が、身体のどこかに潜んでいるのは拭えない）

このとき、自分のなかで何かがカチッと音をたてた。

「そうだ、これって理不尽なことなんだ」

そう思ってしまったのだ。高給は上の世代だけに約束されたものであり、下の世代はいっぱい働いて働いて、結局、「見返り」がない。とすれば、一刻もはやく成果主義を導入してほしい。このままゆがんだ形で制度を運用していては、若者たちは疲弊してしまう。そんなことを考え、実際に、制度変更の改革案のようなものを書いて提出した。「出世を価値としない、生涯現役編集者であることを希望する人が会社でイキイキと働きつづけるための制度」。言い換えれば「自分のための制度」だった。「若者たち」とは他ならぬぼくのことだったのだ。結果は、言うまでもないだろう。一蹴、ジ・エンド。二〇〇三年の初春のことだ。

　今から思えば、完全に踊らされていたと思う。単純化された記号のもつ暴力に、あらゆる客観的視点を奪われ、ただ、単一のものの見方だけをしていた。自分という一人の働き手が、消費財や商品のようにとらえられ、安く消耗させられることから逃れようとしていた。「ぼくの成果は高く買ってくださいね」といわんばかりに。そして、このような記号的言説を、あたかも自分の考えであるかのように思いこんでいた。

　また事実、そういう本や特集を組んだ雑誌が、勤めていた会社からも出ていた。時流に乗る、というのが出版理由であろう（つまり、売れるから）。そして、実際にそういう流れになっていくほうがいいと、編集者たちも思っていた。しかし、足元をみれば、自分たちの会社はちがう。「成果主義の導入を」と声高に叫びつつも、会社としては適用される予定もない。

　結局、自分のなかで折り合いがつかなくなったことで、一社目を辞めてしまった。ほんとうは感謝の念こそあれ、とりたてて不満なんてなかったにもかかわらず……。

　この苦い体験が自分のなかに棲みついている。


　記号化された世代論の呪縛はそうとうに強い。自身の体験からも断言できる。それだけにメディアの人間のひとりとして、それを「解く」ことが使命と意識するようになった。

「世代論で抜け落ちてしまうものを」を書いた約二年後、ちょうど城陽でもがいていたその頃、「呪解き」を実行する機会を得る。自らの世代を総称することばで、呪を解き、血を通わせようとしたのだ。

＊

「あいだ世代」のメディア論

私は一九七五年生まれで、いま三十七歳です。

ちょうど「あいだ」世代にあたります。

いきなり、「ちょうど」なんて言い方をしましたが、けっして一般的な通称なわけではないのであしからず。わたしが勝手に言ってるだけです（しかも、つい数秒前、書いている最中に思いつきました）。

要はこういうことです。

バブル世代でもなく、ゆとり世代でもなく、その中間に位置するから「あいだ」世代。

「バブル・猛烈・ハイテク」な四十歳代と、「低成長・ゆとり・ネット」が当たり前の二十代半ば前後世代の「あいだ」、というわけです。

たしかに、同世代の人たちの声を聞くと、上を見ても、下を見ても、なんだかしっくりこないと思っている方が多いようです。「働くこと」への向き合い方が異なるというか。
たとえば、先日「週刊ポスト」でとても面白い対談記事がありました。『困ってるひと』の大野更紗《さらさ》さんと『毛のない生活』の山口ミルコさんとの対談なのですが、大野さんは現在二十八歳、ミルコさんはちょうど私の十歳上なので（たぶん）四十七歳。
で、私がちょうどお二人の「あいだ」の年月を生きていることになります。
三ページに及ぶお二人の対談記事を読んでいたら、急に自社の名前が出てきてびっくりしました。

大野　私は『毛のない生活』の版元であるミシマ社が、なぜ出版界の、特にバブルを経験した世代にこんなにも愛されているんだろうって、以前から不思議でならなかったんですね。山口さん自身、会社の規模も知名度も関係なくイイ本を丁寧に作り続けていければいいという、同社のロハス的でNPO的というか、持続可能系なあり方に感激されていますが、私の世代にはむしろその方が、以前の山口さんの働き方より普通に映る。

山口　そうか、大野さん世代にはそっちが普通なのね。

大野　はい。そうしたミシマ社的営みに皆さんが惹かれるには何か理由があるんだろうと思っていたんですが、要するに普通に働いて〝普通に生きて行くこと〟が、実は今までの日本社会では非常に難しかった。

（「週刊ポスト」二〇一二年九月二八日号）

大野さんの分析はとてもユニークで、自分のなかの違和感をいっきに氷解してくれました。というのも、たしかにミルコさん世代の方々で、ミシマ社に共感を寄せてくださっている方々には、ある共通した「空気感」があります。それを見事に指摘くださったのです。つまり、バブルを経た人だけが醸し出す「反バブル的」空気感（反バ感）。これは、バブルを体感していない私たちには、けっして出せない空気です。なぜなら、最初からそういうのは「ちょっとヤだ」と思っているため、そもそも反発しなくとも、そっちに行かない。ですから、「反バ感」を出そうとしても出しようもないのです。そのことを大野さんは、あえて対極的価値として、ロハス的、NPO的と表現されたのだと思います。

で、ポイントはここからです。

この対談には載っておりませんが、逆に大野さん世代の方々がミシマ社に共感くださるときは、ミルコさん的共感とずいぶんと違う。私は、大野さん以下の年齢の方々と接するとき、そのことをひしひしと感じずにはいられません。

おそらく、大野さん以下世代の方がミシマ社に共感を寄せる理由のひとつは、バブル的なガツガツさとは一線を画した世界で、日々を熱く送っていること、にあるのだと思います。

ほっこり、熱く――。

そう考えると、「あいだ世代」にとっての「ふつう」のやり方を創業以来、ずっと実践し続けているのかもしれません。

ところが。

兎角《とかく》、私たち世代は、メディアでは不人気です。いや、正確にいうと、ネガティブな語られ方をしつづけるという意味で、大人気です。

今年の春ごろのことです。

「AERA」という雑誌の同世代の男性記者から、インタビューをしたいという依頼がありました。なんでも、「幸せな60代女、不幸せな30代男」と題した特集を組む、ついては、「30代現役ビジネスマン」としてのコメントが欲しい、とのことでした。

うーむ。

当初、私はお断りをしました。けっして適役ではないと考えたからです。というのも、自身を、編集者であってもビジネスマンではない。そうとらえているからです。それに、不幸だとも思っていません。そのことをお伝えし、辞退を申し出ました。

が、記者は、「それでいいんです」と語気を強められた。そう言われると返す言葉もなく、

「そ、そうですか。わかりました。ただし、企画に合わない場合はご遠慮なく掲載しないでください」と念押ししたうえで、取材をお引き受けしたのでした。

で、後日、掲載誌を見てびっくり。四ページにわたる特集の最後の締めに私の発言が掲載されていたのですから。

「今の30代が『不幸』なのは、単にメディアに『不幸な世代』と定義づけられているからではないでしょうか。幸せになるためには、『時代がこうさせた』という言葉を発しないことだと思います」

（「ＡＥＲＡ」二〇一二年六月十一日号）

掲載のされ方はともかく、わが発言ながら、これは、本当に強く思うところです。

実体とは違う情報が「記号」となって一人歩きしている。

そんなふうに思うことが多々あります。

取材で強調して申したのは、「三十代は別に不幸じゃありません」という点です。

「もし不幸だと思っているのだとすれば、それはメディアに振り回されてきたからではないでしょうか。

フリーター世代、ロスジェネなど、メディアのつける『記号』で自分を縛ったり。

あるいは、『起業ブーム』の名のもと、『起業↓上場』という定式に踊らされたり。

で、起業しない人たちは、会社で過剰に働かされ、上の世代に『搾取』される、と脅されたり。

いずれにせよ、このままじゃいけないよ！　そういう声に振り回されてきた。

その声はメディアという拡声器を通し暴力的なまでに大声となって伝播した。だけど、実体は、それがすべてではない。むしろ、そういう声に踊らされる前の段階では、少数に過ぎなかったはず。

一度、『メディア』の声や情報洪水から耳を閉ざし、ほんとうにやるべきことに耳を澄ます。

そうすれば、時代に関係なく、常に自分が主体となって、『おもしろい』ことに取り組みつづけることができる、のではないでしょうか。そしてきっと、すでにそうしている人は多いはずです」

そんなことを申しあげました。

ここでは、その発言の是非を掘り下げません。

ただ、長々とこの記事について触れたのは、ほかならない、自分の発言の裡《うち》に自己否定が含まれているからです。

「メディア」の流す記号化された世代論に違和感をもっていた私自身が、出版メディアという仕事をしている。「耳を閉ざす」べきと名指した、その「メディア」に属しているわけです。

この自己矛盾。

しかし、この自己に潜む矛盾から目を逸らすことなく、表面的な情報を引っ剝《ぺ》がし、その実体をちゃんと読み解いていけば、まったく違う世代論が導きだせるのではないか。

そうして、これまでの世代論をいったん終わりにできるのではないか。

また、その行為は、とりもなおさず、「出版メディアのこれから」を考えることにもつながってくるのではないか。

このように考えています。

すくなくとも、これから私たちが四十代、五十代になっていくわけで、「あいだ世代」の役割は大きいはずです。

言われてきたように、たんに「不幸」なままの世代でいるのか。その結果、不幸を立脚点にしたメディア運営によって、全体をもそちらに引きずりこむのか。

それとも、「あいだ世代」の違う側面、より本質的な面を見出《みいだ》しうるか。そして、それによって、メディアの違う役割、それもより根源的な役割を果たせるようになるか。

いま、まさに私たちは、その「あいだ」にいます。

実体とかけ離れてしまった、自分自身が身を置く「世代」と「メディア」。

それらを本来あるべき場所にいったん戻すこと。

おそらくそこが、次の時代を私たちが担えるかどうかの、スタートになる気がしています。

（2012年9月24日更新）

＊

自分たちの世代はなにも失われていない。

むしろ可能性があるととらえるほうが、実感にそぐわしい。

自身のそうした実感をベースに、世間で流布した「記号」の言葉をぼくなりに斥《しりぞ》けた。その代わりとして、「あいだ世代」という「呪解き」のことばを掲げ、不毛な世代論と別れを告げた。結果、世代論のなかに自分が不在であるという感覚から抜け出すことができた。

記号返し、とでも言おうか。

強力な記号に対し、それを封じ込めるために新たな記号を置く。前者の強力な記号が拡散性の高い「毒性」だとすると、後者はきわめて個人的な「身体性」の記号である。自分の血が通った記号。身体性をもった記号。そうしたものを生み出すことで、なんとかわが身を守る。毒抜きをする。

しかし、このやり方では常に後手に回ってしまう。『北斗の拳』ケンシロウさながらにくりだされる高速パンチの一つひとつに、お札《ふだ》を貼っていくようなものだ。そのパンチ、無効です、無効です、無効です、そちらも無効です、と……。そんなのキリがない。

記号返しとは異なるやり方はないだろうか。

時代やメディアやら記号やらが、そして毒に染まった自分自身が自分をしばりつけてしまう前に、早く突破口を見出さねば……。

京都進出の決断は毒に染まりきるギリギリのタイミングだった。

一刻も早く、現場に立つこと、そこからしか、編集感覚の奪還は始まらない——。

その危機感だけは残されていたということだろう。

贈与経済

そのボールはいつ投げられていたんだろう？
あるボールとあるボールが空中でぶつかる。
ぶつかり合ったボールは、軌道を変え、飛び散る。
（あっ！）
ぶつかったのを見て、はじめて知る。
宙に放たれていたボールが一つではなかったことに。
自分が投げたボールは、確実に一つある。
ついこの間、これだ、という実感とともに、投げ放ったのだ。忘れるわけもない。
この一球に賭けた。

この一球が自分を違う地点へと導いてくれる。

根拠もない。

不安しかない。

そんな状態の中で放った一球だ。

じっと見守り、温めつづけるのは当然であろう。

だから、気づかなかった。ちがう角度から球が飛んできていたことに。

衝突！

その瞬間、たしかに世界は少し変わった。

ぶつかり合ったとき、もう一つの球からエネルギーを吸収したのだろうか。

見守りつづけていた球は、その飛行角度を上げ、以前より太い軌跡を描くようになった。


ひとつの着想を得る。

おやっ、と思う。

目の前に光が射し込んだ気になる。

その光のほうへ向かって、着想の卵を育てていこう。

つまり、アイディアのボールを光射す大空へと放り投げるのだ。

その軌道には、いくつもの障害があるにちがいない。

投げた角度が悪いと、とんでもなく巨大な岩の塊のようなものにぶつかり、球は一瞬にしてペチャンコになる。投げたとたん、つぶされることだってある。そうした障害を乗り越え、はね返し、順調にのびつづけた球だけが、大気圏を突破する。そして、そのまま飛行をつづけ、他の球とぶつかりながらも、そのたび力を増して、太い軌跡を描くようになる。

飛んで、ぶつかって、飛んで、またぶつかって……。

そうして、飛びつづけた一球がやがて一点の星となる。

アイディアというのは、こういうものかもしれない。と思った。

＊

ふたつのボールがぶつかりひとつになる、そのボールの片方が京都市内へのオフィス移設であり、もうひとつが「ミシマガジン」のリニューアル創刊だ。ふしぎなことに、このふたつは同時にやってきた。

二〇〇九年七月にスタートしたウェブ雑誌「平日開店ミシマガジン」は土日祝日をのぞく平日毎日、なにかしらの読み物を更新してきた。しかし、運営費はすべて持ち出し。広告を載せないという方針をとりつづけてきた。当然、ウェブ雑誌の運営だけを考えれば赤字である。

どう運営するかは、数年来の課題であった。だからといって妙案があるわけでもなく、ましてやそこでお金儲けをしたいとも思えない。会社の運営は、あくまでも紙の本によって。ウェブでは、あくまでも無料の読み物として成立させたい。……けど、どうやって？

そういう悩みを抱えたまま気づけば数年が経っていた。

ところが京都進出を決めるとほぼ期を同じくして、アイディアが飛び出た。

鍵となる考えは、「贈与」であった。あるとき、内田先生からうかがった「贈与経済」というアイディアが数年来の滞りを押し流した。同時にそれは、麻痺《まひ》しかけていた編集感覚を解くきっかけでもあった。

*

「京都市内にオフィスを移すことにしました」

二〇一三年の一月の中旬、京都市内在住の知人二人に、木屋町の小さな居酒屋でぼくは語っていた。一人はミシマ社から『遊牧夫婦』シリーズを出してもらっている近藤雄生《こんどうゆうき》さん。もうひとりは、江弘毅さん著『飲み食い世界一の大阪』の装丁デザインを手がけてくれた矢萩多聞《やはぎたもん》さん。二人とも同世代ということもあって、城陽に来て以来、懇意にしてもらっていた。

「ミシマガジンをリニューアルして、その運営を京都のオフィスでおこなおうと思って」

「うん、いいんじゃない」と多聞さん。たいていのことは「いいんじゃない」と言ってくれる多聞さんである。さすが、毘沙門天《びしゃもんてん》。四天王の一角を担う名をもつだけのことはある。

「けど、それだけだと城陽でもできるんじゃない？」

と近藤さんがうけた。プロのノンフィクションライターだけあって痛いところをついてくる。

「いや、城陽だと機動力の点でどうしても劣ってしまうんです。特集の取材、執筆陣への交渉など、『おもしろい』をどんどん形にしていくためには、リニューアルするまでも、してからも、やることがわんさかある。とにかく、東京以外の地で出版社を運営する、そのひとつの流れにならないといけない。そのためには、街に出て出版の仕事に集中するほうがいいんです」

「たしかにね」と近藤さんも同意してくれた。

「ただ運営はどうするんです？　ミシマガは今のところ無料じゃないですか。課金制にするとか？」

「よくぞ訊いてくれました」ぼくは一気呵成《いっきかせい》に説明した。

「課金制にはしません。というのも、ぼく自身、使う側の感覚として『いやだな』と思っているから。一ページは無料で読めて、二ページ目から『有料です。ご登録ください』と案内されるの、正直、不便だな、と思う。ネットって世界中の人たちが無料で読めるところが良かったのに、なんだ、逆に不便になっているじゃないか。これでは、お金のある人だけがアクセスできる、これまでのメディアと同じ。ネット革命なんてふうに大げさな言葉で、二〇〇〇年代当初騒がれたのって何？　と思ってしまう。老いも若きも富める者も貧しき者も誰もがいつでも閲覧《えつらん》できる。そこに、ネットの革新性があったはず。なのに結局、クローズドして、お金のある人たちだけがアクセスできるものになりつつある。これは、革命どころか、逆行ですよ。だからぼくは、ネットの読み物は無料のほうがいいんじゃないかと考えてるんです。すくなくとも自社の読み物はそうありたい」

「なるほど」と二人ともうなずいてくれた。

「じゃあ、どうやって無料を維持すればいいか」

「そこですよね」と二人は声をそろえた。

「で、思いついたのが、贈与です」

「ぞうよ？」

「はい、贈与です。贈与経済モデルを採用することにしました」

そう言ってぼくは、贈与経済モデルについて語りだした。

――これまでもミシマ社は原点回帰を謳ってきた。けれど、まだまだ足りない。しょせんは、消費経済モデルの上に乗っかった形での運営でしかなかった。つまりは、ある商品を金銭で売買する、という形。お金を媒介とする商品交換。その「消費」の流れをスムーズにしていこうというのが、これまでおこなってきた原点回帰。つくるから届けるまでの熱量を下げない形で流していきたい、という。

しかし、原点はもっともっと先にあった。売り買いの発生しない循環経済。消費も消費者も存在しない世界から、もともと経済は生まれていたのだ。そうした経済の原点を現代に生かすためのヒントを、内田先生は与えてくれた。

贈与経済というのは、要するに自分のところに来たものは退蔵しないで、次に「パス」するということです。それだけ。

「自分のところに来たもの」というのは貨幣でもいいし、商品でもいいし、情報や知識や技術でもいい。とにかく自分のところで止めないで、次に回す。自分で食べたり飲んだりして使う限り、保有できる貨幣には限界がある。先ほども言いましたけれど、ある限界を超えたら、お金をいくら持っていてもそれではもう「金で金を買う」以外のことはできなくなる。それで「金を買う」以外に使い道のないようなお金は「なくてもいい」お金だとぼくは思います。(略) 本来、貨幣というのは、交換の運動を起こすためにあるものなんですから、誤って退蔵されているなら、それを「吐き出させ」て、回すのが筋なんです。その方が貨幣にしたって、「貨幣として世に出た甲斐」があろうというものです。

（ブログ「内田樹の研究室」より）

「サポーターを募ろうと思うんです。サポーターの方々にウェブ版ミシマガジンの運営費をいただく。そうして、ぼくたちは毎月、ウェブ版を再編集し、紙版をつくる。その紙版を〝勝手に〟プレゼントする。商品の交換ではなく」

近藤さんと多聞さんに熱く語りながら、ぼくのなかで、このやり方をぜひとも採用したいもうひとつの理由が燃えたぎっていた。

――出版社は表現・言論のレベルではもとより、経済的にも自主独立であらねばならない。たとえば、いうまでもなく、出版社がどこかの企業の宣伝媒体になるようなことがあってはいけない。企業スポンサーをつけること自体がダメだとは思っていない。けれど、たとえばトヨタがスポンサーのテレビ番組やラジオ番組では、「トヨタ以外の車を勧めるような話はしてはいけない」といった話をときどき聞く。もちろん誹謗《ひぼう》中傷はよくない。けれど、どの社であれいいものは褒める、悪いところ、欠陥は指摘する。そういう「基本」が成り立たないようでは、それは御用聞であって、メディアとはいえない。

メディアとは字義通り、「媒介」であるのだから。

その「媒介」とは、もちろん、「何もしない」を全身全霊込めてする存在である。「何もしない」を全身全霊込めておこなうことで、感知できる。目には見えない、けれど、とても大切なもの。あるいはこれは届けなければいけない、というものを。そのとき、躊躇《ちゅうちょ》があってはいけない。届けるべきものは届ける。それだけだ。

そのために、お金は出しても口は出さない、そういう企業スポンサーばかりがつくのであればいいだろう。が、「そんなこと」ってそうそうあるまい。特にぼくの場合、あまり企業に知り合いがいないので、そんな会社のあてがない。であれば、企業に頼るのはやめよう。

このような判断を優先すると、ミシマガの運営方法を考える際にも、必然、広告という選択肢を外さざるをえなくなる。

課金もだめ、広告もだめ、そういう状況下でピンときた「贈与経済モデル」だったのだ。

＊

このように判断するに至るまでには、個人的な痛い経験がベースになっている。

ぼくは一時期、新卒で勤めていた会社をやめたあと、フリーランス的に働いていたことがある。ある企業で、編集の仕事を手伝っていた。企画立案から実際の制作まで、ひとりでおこなう。それが前提での契約だった。フリーランス的に働くとは、自分の仕事に対してギャランティをもらう、その代わり仕事の責任は全部引き受ける、という働き方をさす。たしかに当初、その通りに任された。

ところがほどなく、経営陣による現場介入が始まった。編集の仕事に生まれてこのかた一度も携わったことのない素人による介入が！

「ミシマさんの企画は詰めが甘いんだよ」。あるとき、こんなことを言われた。

同じ発言であれ、編集経験者からのものであればかまわない。たとえ編集方針がちがっても、「いいもの」をつくろうと自らの手を動かしている者同士であれば、そこから学ぶことが必ずあるから。もっとも人は、どんなことからも学ぶことができるし、ぼくはそうありたい。だから、当初、素人経営陣の言葉にも耳を貸した。自分では想像もつかないアイディアがあるかもしれない。そう期待して。

ところが、どれだけ耳を傾けても聞こえてくるのは、不快なノイズでしかなかった。ビルの工事現場で企画を考えているほうがまだましだった。

「詰めが甘い」と言われたぼくは、いわずもがな、としかいいようがなかった。わざと詰めないようにしているのだから。企画時に詰めすぎると「遊び」がなくなる。「遊び」がなくなると、企画から本になるまでの時間が事務処理的な「作業」になってしまう。それは作り手にとって、もっとも退屈な時間を意味する。印刷所に原稿を渡す、その0・0何秒前まで、何が起こるかわからない。その未知なるもの（先ほど遊びと呼んだもの）だけが、作り手のクリエイティビティを駆動する。ブレイクスルーというものをもたらす。ぼくはそう信じている。実際、本を一冊つくるたびに体感している。だから、実感にもとづく「方法」として、企画段階で詰めないようにしていた。

企画書に盛り込むことなど想像だにしなかった内容が、できあがった本には入っていた。企画段階からいかに飛躍できるか。このようにありたい。もちろん、そのためにも企画書はおろそかにすべきではないだろう。そこが、跳躍の土台になるわけだから。ただし、土台のまま終わってしまうようなことがあってはいけない。そうなったら失敗。にもかかわらず、こんなことを言われたのだ。

「いつも、企画書とできあがってくる本が全然ちがう。企画書通りやりなさい」

（ふざけるな）

挙句は、「この記述は削除しなさい」といったことまで口を挟むようになった。

無知にくわえて企業体質まるだし。これほど、メディア（媒介）とかけ離れたものはないだろう。

こんな幹部たちに囲まれて編集の仕事ができるわけがない。いま、思い返しているだけでも、憤りが蘇ってくる。あのころの疲弊ぶりは目も当てられぬほどひどかった。呼吸困難に陥っていた。

その後、自社をつくる際、全額自費でおこなうことにしたのは、二度とこういう思いをしたくなかったからだ。

編集という仕事は、なにも本をつくっていればいいわけではない。書き手と読み手をつなぐ。媒介者がいなければ出会うことのなかった二者が出会う。それを実現するために、自主独立の場所を確保する。これなしには編集という仕事は成り立たない。

このときの教訓をミシマガにも活かそうとしていたのだ。

*

「贈与経済でいきます」とぼくは二人に語った。

近藤さんも多聞さんも、半信半疑の表情を浮かべていたが、「いいと思います」(近藤さん)、「ミシマさんがそう思うなら、そうやればいいじゃないんですか」(多聞さん)と言ってくれた。

二人から背中を押されたぼくは翌日、「みんなのミシマガジン創刊にあたって」をいっきに書き上げていた。

「みんなのミシマガジン」創刊にあたって

いきなりですが、経済ってなんでしょう？

お金儲け？　……まさかぁ。では、お金を循環させること？

あまりに大きな問いなので、もうすこし狭めて考えてみます。

自分たちにとって経済ってなんでしょう？

たとえば、私たちであれば「出版社にとっての経済」とは。


新聞やら東京の一等地といわれるところの動きを見ますと、株式の売買という形で経済を成り立たすのが主流のようです。

が、出版社にとっての適切な経済は、そういう形ではないように思えてなりません。

私たち出版社の果たすべき役割のひとつは、「小さな声に耳を澄ませ、その声を欲する人たちのところへ、もっとも届く形でお届けする」ことだと思います。

そうしたミッションと運営をいかに両立させるか、が出版社にとって、（文字通りに）死活的問題であります。

では、どうすればいいのでしょう。

株式公開？　……まさかぁ、まさかぁ。

（「株価を上げるため」という発想ほど、出版メディアの本来的なミッションと合わないものはありません）

何年も何年も、この問いを考えつづけました。

そして、二〇一三年初頭、ようやくひとつの答えを見つけるに至りました。

このたび、「ミシマガジン」をリニューアル創刊するにあたり、運営方法も「みんな」である皆様にお願いすることにいたしました。

既存の経済システムでは、お金を払って買ったものは個人のものになります。これが所有という概念の今のところの一般的解釈のようです。が、ネットの読み物は、私の感覚では、「モノ」ではありません。電子端末はモノであっても、そこに映し出されるテキストはモノではない。触れて、匂《にお》いで、頬ずりして、というものではありません。

そうではなく、世界中どこにいても、誰でも、瞬時にしてアクセスのできる、とっても便利な読み物。これが、ネットの読み物の本質だと思います。

と考えると、当今増えつつあるネットコンテンツの課金制は、本質から離れていっている。といえるかもしれません（ビジネスとしては「あり」だと思いますが、ユーザーとしては「ちょっと不便だなぁ」というのが正直な気持ちです）。

そこで、考えました。

一人でも多くの方々に無料で読んでいただく、というネットの利点を活かしたまま、雑誌としても成立する。そういうやり方はないだろうか、と。


もちろんすぐに思いつくのは広告です。たしかに、いろんな媒体のサイトを見てみると、ペタペタとバナー広告がついています。

が、それはちょっと……。

「ミシマガジン」は、出版社が編集・制作する雑誌です。株式公開が、出版の原点から遠ざかるのと同様に、広告による運営は、広告主の意向によって「言いたいことを規制される」といった事態を引き起こしかねませんから。

少なくとも出版社の原点が、独立独歩であることが必要条件であるなら、やっぱり広告は……。

では、課金でもない、広告でもない、運営方法はないか？

と考えぬいた結果、こういう形で皆様へお願いすることを決意しました。


運営費を出していただこう。

皆様の運営費によって、世界中の「みんな」に無料で楽しんでいただこう。そして、私たちミシマ社からは、運営費を出してくださった皆様に、心からの贈り物（＊）を毎月お送りさせていただこう。

みんなのみんなによるみんなのための雑誌。それが、「みんなのミシマガジン」です。（これが、ミシマ社の考える「小さな出版社の経済」のひとつのあり方でもあります）

＊ミシマ社からの「贈り物」について
「みんなのミシマガジン」は、毎日なんらかの「読み物」が更新されていき、その月の最終日に更新される「編集後記」をもって完成する〝月刊誌〟でもあります。運営費を出してくださる皆様には、ウェブ上で日々、完成に近づいていく月刊誌の「紙の完成版」をお送りいたします。月末を迎えると同時に、ミシマ社編集部が、「一冊入魂」の「紙版」を制作します。
「紙版」には、ウェブ版にはない読み物も掲載します。もちろん、「今日のひとこと」「今日の一冊」も全て掲載！

創刊

二〇一三年四月一日――。

「みんなのミシマガジン」はめでたくリニューアル創刊した。初日の読み物には、「特集　みんなの時代がやってきた」という座談会を掲載した。建築家の光嶋裕介さんと、はてな代表の近藤淳也《こんどうじゅんや》さんとぼくとの鼎談《ていだん》を、ギリギリ初日にアップできた。

実を言うと、ちゃぶ台を囲んで三人が話をしたのは、掲載四日前の三月二十八日。そこから怒濤《どとう》の日々を送った。創刊のシステムづくりとそのチェック、各著者の方々からの原稿読みと校正、創刊前日には城陽の「ミシマ社の本屋さん」で「寺子屋ミシマ社編集編」（白川密成《しらかわみっせい》さんによる「ボクは悩める坊さん。二冊目を書き上げることができるのか」）を開催、その合間をぬって特集座談会をまとめた。

四月一日午前十時半、更新。

その瞬間、「やった〜」と自由が丘オフィスとスカイプをつないで喜び合った。

が喜びもつかの間。

その時点で、翌日掲載分の特集二日目も翌々日掲載分も、まったくできていなかったのだ。

ぼくは、喜びも半分に、すぐさまパソコンに向かい合った。

創刊直後から文字通り、綱渡りの日々が始まった。


通常本屋さんで並ぶ雑誌は、練り上げた完成形を本屋さんに並べる。しかし、ミシマガジンは完成形を出すわけではない。一カ月かけて完成品に少しずつ近づけていく。走りながらつくっていく雑誌。

しかも、紙版にかぎっていえば、「先取り」ならぬ「後取り」雑誌である。四月号が五月に届くのだから二カ月遅れの……。

とはいえ、最大の課題はその紙版の制作にあった。

たとえ後取りであっても、紙版にするということは、完成形をつくるということにほかならない。ウェブの更新とは発想がまるでちがう。贈り物の非売品として扱うものの、労力的には

「一冊」を制作するのと同じだ。

それを新人のミッキーと組んでつくる（ミッキーは関ジュニから新卒第一号となっていた）。それ以外は何も決まっていなかった。誰が組版（DTP）をするかも、印刷所も紙の手配も何もかも。もう四月も十日を過ぎようというのに……。

三月の段階でサポーターの方々を募集しはじめて、すでに百名近い応募をいただいていた。四月末日にウェブ上で「編集後記」がアップされると、その月の号が完成する。つまり、四月号の全原稿がそろう。その瞬間から紙版の制作に入り、翌月の早い段階には刷りあげ、サポーターの皆様のもとへお届けする。公に、そう謳っていた。

にもかかわらず、用紙も印刷も、どちらの目処《めど》もついていなかった。

予定どおり、「みんなのミシマガジン」ウェブ版と紙版の編集部を京都オフィスに置いた。東京一極集中ではないメディアの第一歩とするためにも。

ところが、だ。関西に懇意な印刷所はなかった。くわえて、数百部の印刷というのも経験したことがなかった。これまでは、四〇〇〇～五〇〇〇部の初版、多いときには一万を超える部数から始める、いわゆる商業出版しか経験したことがなかった。あらゆる点において要領を得ない。

さすがにあせった。二週間後には、「刷り」に入らなければいけない。

タイムリミットはすでに切れているといっていい。

それである方に印刷所をご紹介いただき、印刷所の方から見積もりをもらった。それを見てぼくは、愕然とした。

毎月、十万円を超える出費がかさむ……。

これではサポーターの方々に出していただいた「運営費」がミシマガジンの運営にまでまわらないではないか。本末転倒だ（そもそも試算ミスといえなくもないが、印刷代などを上乗せしていけばサポーター費も年間十万ほどになってしまう。個人のサポーターにそこまでの負担を求めるわけにはいかないだろう）。

サポーター制度、贈与経済……意気揚々と謳ったものの、始める前から破綻ではないか。

ぼくはどんよりと重い空気をまとったまま、数日を過ごした。

＊

四月も半ばにさしかかったある日、紙版のデザインを担当してくれることになった矢萩多聞さんをまじえ、ミシマガ企画会議をおこなった。三条烏丸のマンションの一室にあるちゃぶ台を囲んで、みんなが和気藹々《あいあい》と企画をああだこうだと揉《も》んでいたときだ。デッチのＹ（旅人）が白い紙に手書きした企画タイトルを見せた。紙には「ミシマガジーン」と書いてあった。

「なにこれ？」とぼく。

Ｙは嬉《うれ》しそうに話した。「ミシマさんがジーンとした話を書くんです」「そんなん、別に読みたくないやろ」「読みたい、読みたい！」なぜだか、みんなも賛同するのであった……。そのときだ。ぼくは突然あることを思いついた。Ｙの発言とはまるで関係のないあることを。

「わかった！」

多聞さんの目もミッキーの目もデッチたちの目も止まった。何を言い出すんだろうかと、みなの視線がぼくに集まった。

「紙も、印刷も、贈与してもらおう！」

みんなの目はそのまま静止していた。

「贈与経済と言いながら、ふだんの本づくりと同じように、用紙を買い、印刷代を支払っていたら、紙版が売り物と変わらなくなってしまう」

うん、それはそうだけど、と一同あいまいにうなずく。

「やっぱり全部、贈与でいこう」ぼくはきっぱりと言った。

「と言うと……」多聞さんがぼそりと訊いた。

「紙も印刷も、全部贈与してもらいましょう。つまり無償提供いただくのです」

言いながら、これは無茶を言っているな、と我ながら思った。けれど、これが実現したらものすごく面白い。というか、ここに踏み込まないでは原点回帰は謳えない。

つくるから届けるまで熱量下げずに——原点回帰の出版社と言いつつ、その実、「つくる」はあくまでもつくり手（主に作家と編集者）の熱量をさしていた。しかし、「一冊」の原点はもっと先にあったのだ。物理的には影も形もないアイディアから一冊が生まれるわけだが、そのアイディアが練りこまれた幾万の文字は、紙に刷られて初めて定着する。とすれば、原点はアイディアだけではない。

用紙が生まれる瞬間にあるともいえる。

ところが、用紙の生成過程などについて自分がきわめて無知であることにそのときあらためて気がついた。つくり手であるぼくが、そういうところまで見据えてつくっていければ、つくるから届けるまでの流れはもっと太いものになっていくだろう。現在の状況では、つくる、消費する、という行為も分断されがちだが、「贈与」をもちこむことによって全員が生産者であり全員が享受する者になる。

つまり、どこにも起点がなく着点もない。ただ循環するだけ。

そういう循環の経済が生まれるにちがいない。そうなれば本当に経済の流れが少し変わるかもしれない。ぼくは一瞬にしてその期待の虜になってしまった。

その場で、昨年すこしだけ挨拶をしたことのある製紙メーカーさんに電話を入れた。

「もしもし。ぜひご相談させていただきたいことがあります」

はあぁ、と戸惑いつつも先方はお会いする約束を受け入れてくれた。

翌々日、ぼくは五周年のときにつくったミシマ社Tシャツを着て、東京の中心地にある某製紙会社の本社前に立っていた。

来《きた》るべき、あるいは、戻るべき贈与経済へ——。

今日、その大きな第一歩を踏むのである。

ぼくはどうにかこうにか興奮を抑えて、話を始めた。万一断られたら、「みんなのミシマガジン」のサポーター制度は、運用前に崩壊してしまう。すでに集まってくださっている方々へ顔向けできない。絶体絶命のなかで起死回生のひとことを得る、そのためだけにやってきたのだ。断られるという事態は「絶対に」あってはならない。広いフロアの一角にある打ち合わせスペースで、Sさん（男性）、Nさん（女性）のお二人に向かい合った。そこまではっきりと覚えている。

「みんなのミシマガジンは、サポーターの方々と運営することにしました。その運営は、贈与経済です。贈与経済というのは……」

そのとき一体何をどう話したのだろう。無我夢中だった。時間にして五分もなかったかもしれない。ぼくはプレゼンを終え、目の前に座るお二人の反応をじっと待った。

　やがてSさんが軽くうなずいた。そしてゆっくりとその口が開かれた。「ふざけるな」。そう一喝されてもおかしくはない。いったい何を言われるのか、ぼくは生きた心地がしなかった。

「私たちもそういう話を待っていたのです」

　つかの間、耳を疑った。

「これまで製紙メーカーは、出版社だけを営業先にしていました。けれど、本当の営業先は、その先にある読者でなければならない。その普及努力を怠ってきたのです」

　なるほど、そういう事情があったのか。ぼくはプレゼンで、紙版ではその号に使用した紙のこと、印刷のことについて毎号盛り込みたいと伝えていた。サポート企業の宣伝ではない。そういうものはいっさい入れない。そうではなく、寺子屋ミシマ社で本が完成する前の楽しみを公開したように、一冊の本の楽しみ方には、用紙と印刷は欠かせない。紙や印刷という入口から本好きがもっと増えてもいいのに、という思いが常々あった。

　たとえば今まさに手にしているこの本の紙の銘柄は何か？　これはOKソフトクリームピーチという用紙。王子製紙の江別工場で製造されており、特徴はというと……皆さんの感じるまでいいのだけど、メーカー的には「めくるほどにしっくり馴染むしなやかさと、柔らかな紙腰」とのことだ。斤量《きんりょう》が67kgなため、本書の束幅《つかはば》は24ミリとなっている。こういう話を毎回、角度を変えながら、巻末に載せれば紙と印刷にまつわるその号固有のストーリーが生まれることになる。読んで終わりだった雑誌が、紙から印刷まで、内容と外見の一冊まるごとを味わうものになる。それに、毎号、厚さがちがったり、紙がちがったり、デザインが全然ちがう雑誌なんてきいたことがない。それだけで痛快ではないか。

「ミシマさんが創業期から言っている原点回帰は、我々の業界も同じなんです」

ぼくのほうからはもう言葉がなかった。感無量の感懐をもって社屋をあとにした。

数日後、正式に紙を無償提供してくださることが決まった。ちょうど余っていたり、捨てるほかない紙なんかもいただくことになった。

あとは印刷所だ。

これは最後まで難航した。

実際のところ、関西の印刷所をほとんど知らなかったのだ。

けれど、こちらのほうも不思議な偶然が積み重なる。

ある日、内田樹先生の凱風館《がいふうかん》へ行った。そのとき、たまたま合気道の先輩ハシモトさんと出版の話になった。突然、「最近どんな本つくってるのですか？」と訊かれた。それで、ふとミシマガの話をした。今、こういう試みをしようとしているんです、けど、印刷所が見つからなくて……。言うやいなや、その先輩の女性は「社長に話してみる」と答えられた。「えっ？」ぼくは状況が呑み込めなかった。「先輩って印刷所に勤めてるんですか？」「うん」

数日後、ぼくは大阪にあるあさひ高速印刷さんにお邪魔していた。今回もガムシャラに話をした。当初、社長の岡さんは断るつもりだったという。けど聞いているうちに、面白いかも、と思い直したらしい。ぼくが話している間に、印刷の大胆な実験をここでできないかと考えたそうだ。

「やりましょう。ただし、一つ条件があるんです」と岡社長。

「実は、いまのクライアントからの仕事では、なかなか使うことのない印刷技術がいっぱいあるんです。それを試させていただけますか？」

箔押《はくお》し、活版印刷、角マル、ナンバリング凸版、クリア印刷……こうした加工を自主的にやってくださるというのだ。願ったり叶《かな》ったりとは、このことだろう。

偶然、偶然、偶然が重なり、夢物語でしかなかった贈与経済の地盤がかたまった。ぼくは印刷所を飛び出るとすぐに、デザイナーの多聞さんに電話をかけた。

「すごいことになってきました！」

事実、すごいことになってきていた。

ところが、まだ重要な一片が欠けていた。

肝心の、本文を組む人が決まっていなかったのだ。毎日のように集まってくる原稿。ウェブでは、それを流すだけで掲載されるようにシステムを構築しているが、紙版をつくるには、印刷用に「組む」という作業が必要になってくる。原稿はあれど、印刷機もあれど、組む人がいなければ本はできない。

ネットなどで募集をかけたところで今からだと遅すぎるだろう。

ぼくは再び途方に暮れた。

「誰かインデザインを使えないか？」

インデザインとは、本文の組版ソフトのことである。写植からＤＴＰ（Desktop Publishing）に代わった当初は、クォークやエディカラーなどのソフトが使われることも多かった。だが、いまではAdobe社のインデザインが圧倒的なシェアを占めている。

インデザインを使える人がいないと、事実上、紙版はできない。お昼ご飯を食べながらもそのことから頭が離れない。それでつい、ポロリと口に出してしまったのだ。すると、隣で少女漫画の主人公さながらのデッチＮくんが言った。「出版社をつくるしかないんです」と言った彼だ。

「オレ、ちょっとくらいならできますよ」

ま、まじで。

「じゃあ、やってみる?」「やりたいっす」

よし決まった(ことにしよう……実力はあまりに未知数だけど)。

こうして編集部がかたまった。編集長はぼく、制作は新人ミッキー、DTP組版をNくん。

急ごしらえの編集チームがついに動き出した。

校了まであと一週間!


「ミッキー、台割つくっといて」

「台割ってなんですか?」

お、おお、そうか、そこからか。台割とは、ページのカレンダーみたいなものだ。一六〇ページの雑誌であれば、一から一六〇までの数字を並べ、それぞれの数字の横にそのページ内容を記す。そうすることで、一冊を俯瞰《ふかん》するわけだ。この台割を見て、組版担当がページをレイアウトしていく。まさに雑誌づくりの要である。

「まあ、なんか見てやってみて」

「わ、わかりました!」こういうときのミッキーは本当にたのもしい。

ミッキーは初挑戦ながら台割をつくりきり、Nくんも黙々と作業に打ち込む。三人全員が終電ギリギリまで毎日つめにつめた。それでも遅々として進まない。これまでの本づくりの経験からして、あと一カ月は余裕でかかるだろうという段階にいた。このままいけば、四月号が届くのは六月になってしまう……。

校了まであと三日――。

んん？　ぼくの目が著者プロフィールのページで止まる。連載著者陣のプロフィールを巻末にまとめて掲載するのだが、何の順番かまったくわからない。あいうえお順なのか、掲載順なのか、てんでバラバラだ。

「Nくん、これ直してもらえる？　掲載順にしてもらえるかな。赤字入れといたんで、その順番に置き換えてもらえる」

N君は作業の手を止めることなく即答した。

「無理っす」

……えっ？

口を半開きにしたNくんは、険しい顔をパソコンに向けながら、ひたすら作業をつづけるのであった。

校了まであと一日――。

そこから一日の記憶はあまりない。

あさひ高速印刷さんに、データを入れたとき、まだ実感が湧かなかった。

終わった、終わった、終わったんだ！

そう思えたのはだいぶ経ってからだった。

約一週間後の五月十二日、紙版創刊号が届いた。

世間では六月号が出てだいぶ経っている時期、ぼくたちは四月号の完成を喜び合った。ウェブに掲載していく日々の原稿がそろっていないことも、数週間後に次号の制作が待っていることも完全に忘れて。

世間とふた月遅れでできた紙版を、ただただ抱きしめていたかった。ここには間違いなく四月が詰まっていた。ざっと思い返しても、オフィス移転にはじまり、ミシマ社初新卒入社、ウェブ版ミシマガのリニューアル創刊、ミシマ社合宿、K君の退社決定、紙屋さんと印刷所さんのサポーター探し、新刊刊行準備、ミシマガ紙版校了、新たな営業メンバーの採用活動、私事では第一子誕生、合気道の初段拝受……。この怒濤の四月が、紙版を手にしたとき定着したように感じた。流れずに定着してくれて良かった。心底そう思えた。

忘れもの

新しい経済をめざして始めた、ミシマガジンサポーター制。

実際、そこには、発見の日々が待っていた。

たとえば、金銭を介さないと、かえっておかしなことが起こる。ときどき、過剰になる自分たちがいる。つまり、「こんな本、絶対売ってませんよ」という本をめざしたりするのだ。

非売品である「紙版」の場合、いいものをつくったからといって、「売上増」が見込めるわけではない。本屋さんに置かれることはなく、サポーター申し込みをしてくださった方にのみ届くものである。すると必然、「いいもの」の定義が変わってくる。「売れる・売れない」の基準が無効になる。毎月、届いた本を手にしたとき、喜んでもらいたい、びっくりしてほしい。そういう軸だけが残る。そのときまさに、「商品」ではなく、「贈り物」となる。

たとえば、あさひ高速印刷さんからご提案いただく、「こんなこともできます」という印刷技術のひとつひとつを毎号、表紙に反映するようにしている。二〇一三年五月号では、一冊一冊にサポーターの№を凸版でナンバリングしてもらった。「supporter No.001」「supporter No.002」というヘコミが刷られた。正真正銘、「世界で一冊」の本たちができあがった。

またある号では、その号で使用した表紙の余り紙で、名刺サイズのカードをつくって贈ったり、活版でミシマ社ロゴを表紙に刷っていただいたこともある。くわえて、毎号必ず、サポーターの方の名前を、表紙か扉に、ぼくが手書きするようにしている。そうすると、一度も会ったことのない方であっても、毎月毎月、お名前を書いていると、「知っている人」のような感覚がめばえる。顔を知らなくても、顔の見える関係は築ける。それは、フェイスブックやライン、ツイッターの〝アイコン〟がどこまでいっても記号であるのと、対極にある感覚である。

どれもこれも、商業出版では、やったことのないものばかり(そもそも、できない)。それを手にする人の絶対数は、何十分の一、何百分の一にすぎない。けれど、少ない部数だからこそできることがある。十五年ほど編集者をやってきて初めて知った世界だった。

何万部という部数は大量生産を基礎としている。中身も外見も同じ本が何万という単位で生産されていく。もちろんこれは、出版の醍醐味《だいごみ》のひとつであるのは間違いない。一人の書き手が記したひとつのテキストが、何万人にも届く。それもたんにデータとしてではなく、一冊というものとなって。その媒介者として編集者、出版人は役目を果たす。実際、ベストセラーは出版に関わる多くの人にとっての楽しみである。

ただ、この紙版にはそれら商業出版とは根本的にちがう醍醐味がある。同じ号の一冊一冊が違う本であったり、読む人ひとりひとりの「顔」が見えたり、大胆な企画ができたり（紙版には、錚々《そうそう》たる連載陣に並んで、新人ミッキーの「ドーナツさえあればいい」という連載まである。ちなみに、本人自ら企画し企画会議を通して連載となった）。

ここで見る風景は、数字だけで結果表示される世界とはずいぶんちがう。

何万部という数字の風景は、一見したかぎりでは果てしなく広がる平面のように見える。けれど、商業出版とは異なるこの世界には、パッと見ただけでも、そこに襞《ひだ》や凸凹や溝や穴や断絶がある。

その感覚は、「京都」という結界を越え、ど真ん中にダイブしたときに体感したものに近い。

あるイベントで、バッキーさんが語った話を思い出す。

「長年、この街にいると、守られてるなぁと思います。しがらみ、と思っていたものが、そうやないんです。街には、見えない線や糸や溝やなんやそんなもんが張りめぐらされてます。横着しようとすると、そういう線に引っ掛かることもあるんですが、横着しないで、まあ、ふつうにしてれば、それらが守ってくれるんですよ。そう思いますねぇ」

バッキーさんの言っていることは、観光都市KYOTOにちょっと訪れただけではわからないだろう。五十年以上住みつづけた男でも、ようやく感じられるようになった世界が、京都という街にはある。京都の奥底には、おそらくバッキーさんでさえ感知しえていないさらに細い線や糸が張りめぐらされているにちがいない。そして、そういう世界はどこの街にも、どの世界にもあるのだと思う。もちろん、出版という世界にも。

＊

あくまで結果的にではあるが、クオリティ至上主義とはちがうやり方を見つけることになる。これまでは、本屋さんに置かれ、そこで買ってもらう本をつくってきた。そのとき本は、いくら自分たちが、商品ではなく一冊の生き物ととらえようとも、レジを通るときどうしても、ひとつの「商品」という扱いになってしまわざるをえない。そうである以上、「売れる」かどうかの指標に基づく商品としてのクオリティから逃れることはできない。

けれど、「紙版」はちがう。必ずしも、商品としてのクオリティが第一にこない。もちろん、雑につくっていいというわけではまったくない。一冊のつくりにおいて、クオリティを維持するのは絶対である。ただ、たとえば誌面に載る挿画が、プロによる最高レベルのものかといえば、必ずしもそうではない。ミシマ社マークのイラストを、たくさん掲載しているのだが、それらは、サポーターの方が描いたものもあれば、たまたまそのとき出会ったそのへんの人たちに描いてもらったものもある。ときどき、プロのイラストレーターさんがこっそり描いてくれた絵もある。いってみれば、プロの洗練された高級料理ではなく、家庭のごった煮。それも、家族の枠をこえ、偶然訪れた人たちが持ってきた素材も鍋に入れてしまう。ただし、味付け、鍋選び、盛りつけは、調理場にあたる自分たち編集部がちゃんとおこなう。そうすることで、一般の家庭では実現しえない味を出す。

これは、一品一品の味を最高のものにしていく、という類のクオリティ至上主義では逆にたどりつかない味といえる。けれど、たしかに「おいしい」と満足できる味であるだろう。料亭ではかえって求めることのできない温かみや、飽きなさもあるはずだ。

ミシマガ紙版は、編集者としてのぼくにとって、添加物脱却への一歩目となる挑戦でもあった。

これまで、定価のついた単行本をつくってきたが、ふりかえれば、ときに添加物を混ぜていたこともあったように思う。「売れる」という状態をつくるための添加物。しかし、それを使いつづければ読み手の舌は麻痺していく。細やかな味を識別できなくなってしまう。読み手だけではない。作り手もまた、それに頼ったものしかつくれなくなる（ほんとうに）。

非売品をつくっていくことで、「おもしろ原液」だけから成る一冊を実現したい。そういう思いもあった。

くわえて、原料（表紙と本文の紙）とつくり方（印刷のしかた）についても毎号、明記する。製紙会社と印刷所の担当の方それぞれに、コメントをもらい掲載するのだ。そうすることで、サポーターの方々に、「紙」や「印刷」を入口にした読書の楽しさを知るきっかけになればと考えている。本の楽しみ方は、中身を読むだけではないのだから。

＊

不思議なことに、京都市内でミシマガを始めているうちに、自分のなかにも世界が戻ってきた。もう、苛立たなくなっていたのだ。城陽にいたころ、自分がいかに荒れていたかが、あらためてわかった。

しかし、ツケは必ずくるものだ。脱記号し、結界を越えたのは、あくまでぼく個人の出来事でしかなかった。

目の前の爽快感とは裏腹の現実が待っていた。

先に述べたとおり。会社が経営的に行き詰まったのだ。

商業出版では見えない景色を見たとぼくが愉悦に浸ったそのとき、会社もまた、見たことのない景色を見ていた。ある日、入社二年目のヒラタが、言いにくそうにぼくに話しかけてきた。

「あのぅ、今月、支払いのお金が足りないかもしれません……」

……えっ。

寝耳に水だった。

（ぞ、ぞうよは？）

わが心の声を聞いたかのようにヒラタは、「新刊、出てなかったですしね……」と言った。

そうか、言われてみれば新刊は出ていなかった。

ヒラタから相談を受けた二〇一三年六月時点、つまり新年が始まり半年経とうという段階で、わずか二冊しか本が出ていなかった。半年経って二冊……。ひと月二冊以上出す書き手もいる時代に。それも、書き手ではなく、出版社である。いくらなんでも、少なすぎやしないか。他社と比べてきわめて低い、社員七人で年間七冊というペースさえも崩れていた。城陽にいたころ、「仕事がなかった」ツケがここに来て出たと言える。

いくら、絶版をつくらないという方針とはいえ、新刊偏重の流れに乗らないとはいえ……。現金がなくなるのも無理はない。新刊が出ない出版社は、いってみれば、ピッチに立たないサッカー選手、打席に入らないバッター、リンクに降り立たないフィギュアスケート選手とな

ん ら変わらない。要するに、現役ではない。

過去の遺産があるならそれでもいい。が、ミシマ社など、まだレギュラーはおろか一軍登録もおぼつかない新人選手である。過去の実績（遺産）は無に近く、出場機会もみずからつかみとっていくしかない。本来、そういう立場である。

ぼくたちの経営的なメインはあくまでも商業出版にほかならないのだ。


ひとたびマグマが噴出すると、ひとところで収まらなくなる。

同様に、行き詰まりを促す要素は、他の箇所からも出てきた。創業当初から掲げている「絶版本をつくらない」という方針も、経営上の重みとなってくわわってきた。

原点回帰を謳ってたちあげた出発時から、絶版をしないという方針を掲げていた。

これは、子どものころのすこし悲しい思い出が原点となっている。たしか、小学二、三年生だったと思う。近所のちいさな本屋さんに本を買いにいったときだ。店番のお兄ちゃんに、「〇〇ある？」と少年のぼくは訊ねた。「ちょっと待ってや。出版社に聞いてみるわ」。そう言ってお兄ちゃんは、東京の出版社に電話をかけた。あのころ、京都から東京に電話をかけるなんて、通話料も高く、自分の家なんかでは絶対にしてはいけない行為だった。だから東京へ電話するのを見て、それだけで別世界へ誘われるような心地がした。お兄ちゃんが電話を切るのが待ち遠しかった。けれど、受話器を置いたお兄ちゃんが発した言葉の中味を少年は咀嚼《そしゃく》できなかった。「絶版やって」「えっ？」「売り切れてなくなったんやって」「なんで？　そんなん、一冊つくってくれたらええやん」「それがむずかしいのや」「なんでなん？　ぼく読みたいし、買うやん」「そういうことやなくて……」たぶん、お兄ちゃんは、一冊単位で本をつくるのではない、それでは採算が合わない、という話をしてくれたのだろう。けれど、少年だったぼくにはそんな理屈は通じなかった。しょせん、大人の理屈でしかなかった。読みたい本がないなんて、おかしい。その一点張りだったのだ（そのときの本のタイトルはどうしても思い出せない。ショックのあまり、記憶の一部がふっとんでしまったんだろうか）。

自分で出版社をつくろうとしたとき、そんな大人の理屈はなしにすることにした。大人がちょっと我慢すれば、たいていのことはクリアできることなんだから、と。

実際、その通りなのだった。

絶版が生じる最大の理由は、採算面にある。おおざっぱにいえば、一五〇〇部増刷しても、五〇〇部しか売れないだろうと判断すれば、その本を欲する五百人よりも、一〇〇〇部の不良在庫が生じることを避ける。結果、増刷をあきらめ絶版扱いにする。しかし、これはあくまでも目先の損得の話にすぎず、読者に向いた判断であるとはいいがたい。本は生鮮食材ではない。置いておいたからといって、腐るものではない。いやむしろ、いい本であれば内容的には時の経過とともに熟成していき、時代を超えて届く言葉になる。その意味で、発酵はする。がモノとしての原形をとどめないほどにドロドロになることはない。とすれば、読者が欲しいと思ったときに手に入るという状態をつくるのが、出版社の役割ではないか。

そう思い、実践すれば、なんのことはない、目先の損得勘定さえ捨てれば、むずかしいことではなかった。

ところが、各出版社はそうしない。読者よりも自分たちのほうを優先にする。

と考えていたのだが、七年経ってようやく身にしみてわかってきたことがある。目先の損得勘定というふうに割り切れないものがあったのだ。むしろ、長期の活動を維持するために、目先の損得をある程度、許容していかなければいけないともいえる。

どういうことかといえば、年数を経るごとに、在庫が増えていく。子どもの身長が年々伸びていくように。

仮に一年に一〇冊の新刊を出す出版社であれば、七年後には七〇冊の既刊本が出ることになる。一冊も絶版はしないという方針で、平均八〇〇冊の在庫があるとしよう。創業半年後には四〇〇〇冊の在庫が倉庫にある状態になる。初版一冊分ほどにそうとするが、まだ社としても大きな負担ではない。だがそのペースでいくと、七年後には、倉庫には常時、五万六〇〇〇部ほどの在庫が山高く積まれることになる。この部数はちょっとしたベストセラー並みだ。もちろん、置いておくだけで、保管料、管理費などといった費用がかかる。一年目、二年目は、「むずかしいことではない」と思えたものが、実際には、大きな重荷になっていく。そのことに、会社が行き詰まったタイミングではじめて意識がおよんだ。

＊

京都市内にオフィスを移し、ミシマガも無事、創刊した。「贈与経済」をもちこむことで、東京以外の地での出版活動がいよいよ本格的に始動した。他方、創業の地である自由が丘のほうの活動が壁にぶちあたった。在庫が増え、一方で新刊も出ない。そういう事態の先に、経営危機を迎えた。

現象としてそれは間違いない。

けれど、案外ぼくは冷静だった。来るべきときが来た。そうつぶやくほどの落ち着き様だった。というのも、このときすでに最前線に立ちつつあったからだ。しかも、未開の地の最前線に。城陽は出版社にとって疑いようもなく未開の地であったが、最前線ではなかった。ところが、京都市内に来て、現場の最前線に立ちつつ、贈与経済による運営という未開の地の開拓も始まった。荒れ地の開墾である以上、生産性が一時的に下がるのは当然――。

だから慌てる必要はなかった。その代わりに、間髪いれず行動に出た。問題をいっきに解決する方法を思いついたのだ。メンバーを集め、拳を突き上げんばかりの勢いで言った。

「既刊を売ろう!」

いうまでもなく、絶版本を出さないことに象徴されるように、既刊本は一貫して大切にしている。にもかかわらず、この掛け声は、これまでに輪をかけて既刊本を営業的に押していくという方針にほかならない。まるで新刊本のように広めていこうじゃないかと。引退したと世間で思われていた選手を現役に戻す。阪神タイガースの四番に八〇年代のミスタータイガース掛布さんをもってくる。いってみれば、そういう作戦である。

旗を掲げたからには有言実行するのみ。ぼくは自ら各地の本屋さんを訪問し、四年前に出た本などを仕掛けてもらうよう頼んだ。いくつかの本屋さんが乗ってくださった。そして、四年前の本がまるで新刊本のように置かれた。

そうすると不思議なことに、眠っていた生き物が急に目覚めるように、本も動きだした。掛布さんはいまもミスタータイガースだった。

動くたび、やった、と心のなかで小さなガッツポーズを決めた。

……けれど、けれど、だ。

そういうことではなかったのだ。

これはなんら本質的解決ではない。問題をいっきに解決するどころか、むしろ、問題を先送りするような行為だった。会社で唯一の編集者であるぼくがすべきことは、むろん、本の編集である。ぼくが営業で走りまわり、結果を出せば出すほど、ほかのメンバーは困惑の色を隠せなくなった。

（営業はいいから、早く本をつくってくださいよ……）

ぼくは彼らの声を振り切るようにして、走った。全国を、走って走って走りまわった。一冊を届ける。営業的一冊入魂。その一念で。

いうまでもなく、現役引退から三十年ほどになる八〇年代のミスタータイガースに「いま」を支えることを期待するのは、あまりに酷というものだ。

V

彼は、自分の音楽という大組織の真只中《まっただなか》に坐っている、その重心に身を置いている。外部からの要求に応じようと、彼がいささかでも身じろぎすれば、この大組織の全体が揺らいだのである。彼は、その場その場の取引に一切を賭けた。即興は彼の命であったという事は、偶然のもの、未知のもの、予め用意した論理ではどうにも扱えぬ外部からの不意打ち、そういうものに面接する毎《ごと》に、己れを根柢《こんてい》から新たにする決意が目覚めたという事なのであった。

（小林秀雄『モオツァルト』）

戻りつつある感覚にはズレがつきもの……。

斯《か》ようの教訓を得たぼくは、いよいよ、もともといた場所、つまりは商業出版というフィールドの最前線に着く。

感覚喪失期に見つけたお土産をしっかり抱いて。そしてさらなる開かれた感覚を求めて。

（二〇一四年六月記す）

22世紀を生きる

21世紀が幕を開けて、もうすぐ15年。

そろそろ、22世紀の生き方を考えてみてもいいのではないか。

そう思って周りを見渡したとき、「おお」と思わず感嘆の声をあげました。いるいる……。すでに、来世紀の生きようを先取りしているような方々が、周りに大勢いらっしゃいました。

本シリーズでは、そのような達人たちの声を、できるかぎり「肉声」に近い形でお届けすることにしました。

「書く」とどうしても消えてしまいがちな「論理を超えた論理」が、「肉声」には含まれます。

そこにこそ、達人たちに秘められた「来世紀を生きる鍵」が宿っている。そのようにも考えています。『論語』や『古事記』など、時を超えて読み継がれる書物の「原点」には、「語り」があると思います。そうした編集の原点に立ち返るとともに、現代の息遣いがしっかりと後世に残っていくこともめざします。

読む人ひとりひとりに、達人が直接語りかける——。その「息」をぜひご体感くださいませ。

「シリーズ　22世紀を生きる」

末永くご愛読いただければ幸いです。

ミシマ社　三島邦弘

二〇一三年九月、京都オフィスが動きだす。この地での商業出版における編集活動が本格化したのだ。その第一歩がミシマ社にとって初めての「シリーズもの」、名づけて「シリーズ22世紀を生きる」だ。

そのシリーズ第一弾に登場いただいたのが、かつて妖怪と恐れたバッキー井上氏だった。京都市内に移ってから仲良くなったご縁で進めていた企画が、シリーズのトップを飾ることになったのだ。おそらくミシマ社が自由が丘だけにしかなかったら、バッキーさんが第一弾に入ることはなかっただろう。いや、そもそもこのシリーズを思いついていなかったにちがいない。仮に思いついたとしても、バッキーさんは全国区ではないのは間違いない。おそらく東京にあるどの出版社においても、シリーズの創刊にバッキーさんという案はチラリとも出てこないはずだ。「記号」としての強さでいえば、バッキーさんは全国区ではないのは間違いない。

いずれにせよ、すべてが川の流れのようにして決まっていった――「シリーズ 22世紀を生きる」創刊。第一弾は、バッキー井上『人生、行きがかりじょう――全部ゆるしてゴキゲンに』。このシリーズを京都オフィスで企画・制作。

この一連の流れは、自由が丘一拠点時代の編集とは根本のところで似て非なるものだ。

もちろん、商業出版の最前線に立つことで、自社の経営を軌道に乗せるという狙いもある。贈与経済で感じつつある世界の豊かさを商業出版の現場で形にし、それによって、経営的にもよくなるということを実現したい。そう考えていた。

ただそれ以上に、創刊のことばにあるように、編集面における原点回帰をめざした。「何もしない」を全身全霊こめてする。能楽師の安田登氏が、能におけるワキの役割をこのように表現されているのを知り、これぞ編集者のあるべき姿だと感動した。わが意を得たりと思ったのは、もとより、ワキ的編集を志していたからである。必ずおもしろい本になる。そう信じぬくことがあらゆる技術より先にある。理想とする編集の姿はいつの頃からか、そういうものになっていた。

「22世紀を生きる」シリーズとは、その「何もしないを全身全霊でする」だけに特化するというやり方である。著者が語り、編集者が聴く。ただし企画書はつくらない。著者の方と向き合ったときはたして何が起こるか。著者も編集者も誰もわからない。その「わからない」だけがあるなかで、どこに「ある」かもわからない「おもしろさ」を「ある」と信じそれを探る。

いわば丸腰で、一冊の本づくりという真剣勝負に挑むわけだ。当然、リスクしかない。

商業出版ゆえ、仮に、バサリと一刀両断されてしまえば、数百万円の赤字となる。「小舟」出版社にとって文字通り、命がけである。それに、編集者としては、二度と立ち上がれぬ体になるやもしれぬ。無刀の剣をきわめた柳生石舟斎《やぎゅうせきしゅうさい》さながらに、剣をもたずに剣をふるようなものだから。

いずれにせよ、バッキー井上氏と徒手で向き合うことになった。四、五日に分け、計十時間超、話を聞いた。近くにいた若いスタッフや学生さんたちは、あんぐり口をあけて、ときどき「意味わからへん……」と言っては笑っていた。

実際、意味不明なのであった。

だが、そのとき僕にはどの言葉も、はっきりとわかった。だからこそ出来上がったのが、この本である。冒頭のところを引用してみよう。

「行きがかりじょう」は生き物だ。あるいは人生そのものか。

いかがだろうか。もうすこし長い文で見てみよう。


近頃、僕のところにいろんな人たちがくるんです。

もともと何をめざしていたのかわからんようになった奴、就職活動に悩んだ学生、会社の仕事をがんばりすぎてハゲた奴、ヒト皮むけた奴……。

居酒屋・百練に来てくれる人たちを、「磯辺の生き物」と呼んでいます。

磯辺。

なぁ。

磯の波打ち際とか、変な生き物だらけですよ。フジツボ、カニ、ゴカイ、ヒトデ、ウニ、イソギンチャク、フナムシ、カメの手、ようわからん虫とか、いろんなもんがウヨウヨいよる。

入りくんだりしていて波も割れたり枝がたまったり変化の多いところやから、たぶん、そういうふうになるんだと思います。俺は学者（自称）やからよくわかる。大海の魚みたいにスイスイと生きていけない質の生き物が、時代や環境が変わってるのに、大海の魚みたいに生きようとしたら、そりゃしんどいですよ。それに、大海の魚ってマグロでもサバでもイワシでもなんでも、同じ顔しとるよね。なんか。

磯辺の生き物が大海のマグロなんかと同じ顔して生きようとしたら、苦しいに決まってます。

だからといって僕は、磯辺の生き物やありません。森のキノコ。

（『人生、行きがかりじょう』）

言っている意味すべてわかった。という方がいれば、心から敬意を表したい。というのも、バッキーさんの言葉はふつうに読んでいてはけっしてわからない類のものだ。意味をとらえようとするかぎり、永遠にわからないだろう。実際のところ、本人も言っているとおり言っている中身は「なんもない」のだ。しかし、その「なんもない」のは「意味」がないだけであって、何かはある。たとえば、情とか人の血といったものはちゃんと流れている。

そりゃそうだろう。意味はなくとも血や情はあるに決まっている。

そう思われたろうか。けれど、よく考えてみてほしい。

あまりにぼくたちは、意味のやりとりに終始していないだろうか。本に対しても、知識や情報ばかりを求めていないだろうか。

その裏返し、あるいは率先する形で、編集者のほうも、表層的な意味のやりとりだけで完結するような、一対一対応の本をつくろうとする。たとえば編集の現場では、口述筆記というものがおこなわれる。そこで優先されるのは徹頭徹尾、「意味」である。わかりやすく意味が通るようにする。口述筆記とは、そのための手段にほかならない。本の中身を語り、それを編集側で構成し、まとめる。そうすることで、書き手本人が書いた文章よりもずいぶんとわかりやすい、読みやすい形が出来上がる。

しかし、本シリーズで、とりわけバッキー本で留意したことは、通常の口述筆記とは正反対のことといえる。優先すべきは意味にあらず。ただその感ずるところを紙に留める。なみなみならぬ生命力のある言葉をそこに刷り込む。意味はあとからついてこよう。

意味をそぎ落としても残るもの——血や空気といったもの——が本を本という生き物たらしめる。

このような意気込みでの創刊だった。

谷崎潤一郎は、一九二三年九月の関東大震災のあと、横浜から関西へ引っ越す。そのとき初めて声、つまり言葉の音に美しさ、情を感じたという。

私は劇場で俳優のセリフを聴く時以外に日本語の発音の美しさなどに注意したことはなかったのだが、大阪へ来て日常婦人の話し声を耳にするようになってから、始めてそれをしみじみと感じた。

（「わたしの見た大阪および大阪人」『谷崎潤一郎随筆集』岩波文庫）

おおげさにいえば、谷崎が感じた「声」を加工することなく、添加物を混ぜくわえることなく、本のなかにつめこみたい。そういう意志をもっての試みであった。

城陽に移る、記号的街の真ん中へ行く、記号返しをおこなう、そうしたことでたびたび脱記号を図ってきた。そしてそれぞれにおいて、そのときどきの効果はたしかにあった。けれど、編集者である僕がおこなうべき脱記号の動きは、本業の、もっともシビアな現場においてでなければいけなかった。それも、編集の「原点」に撤するやり方で。

その一歩をようやく踏み出した。

新しい規模を求めて

それにしてもぼくたちはどうして、大きいもの、高いものにこんなに弱いんだろう？

打ち合わせで会った建築家の光嶋さんが、そのときたまたま『死ぬまでに見たい世界の名建築なんでもベスト10』の色校のゲラ（本になる直前の段階、実際の本と同じ書体、サイズで組まれた校正用の紙の束）を持っていた。それを見せてもらいながら、「高い建物っていっぱいあるんですね」と思わずぼくはつぶやいた。

ピサ、サグラダ・ファミリア、ケルン大聖堂、エッフェル塔、クライスラービル、サンジミニャーノの塔……。

「ひとは、高さに抗《あらが》えないいんですよ」と光嶋さんは言った。

「そうなんですね」。ピサの斜塔の隣のページには、ブルジュ・ハリファ（ドバイに建つ八二八メートルの世界最高のタワー）が載っていた。写真を見ながら、しみじみと思った。いまだに高さを競い合っているんだな。かつてはそこに住む人たちがどこにいても見えるよう、お城も塔も高く建てられた。いまでは、その地の住人だけを意識してつくられるわけではない。世界中の人々に向けて世界一をめざして建てられる。けれど、現時点における高さを競い合ったところで、もっと高く、あのタワーを越えて、をくりかえすだけだろう。一番はすぐに二番、三番になるのだから。

それでも人は高さを求めたがる。

同様に、規模も求める。

しかし、この規模の追求こそ、感覚を奪っていく元凶ではないか。

ぼく自身、電子書籍といったものへの脅威を感じたりしたことがあったが、それは、規模感が減じていくことへの不安がどこかであったからだろうと今は思う。このまま規模が減じつづけた先には、自分の好きな本の世界がずいぶんと形を歪めた形で待っている。そればかりか、この仕事をつづけていくこともむずかしくなるかもしれない。そういう潜在的な不安だ。

けれど、現場の最前線にふたたび立った今となっては、いったい何をぶれていたのだろう、そう思うだけだ。

何度も時計の針を巻き戻しながらふりかえってきたが、本当に時計の針を巻き戻せるなら、不安だったころの自分に言ってやりたい。

「目を覚ますんだ。いま君の目は曇っている。曇った目でどれだけ見たところで、雲の向こうには何も見えない。見えないから闇雲《やみくも》に不安になる。そして不安がまた新たな不安を呼ぶ。それを拭《ぬぐ》い去ろうと、闇雲な行動にでる。つまり、本業に直結しないような行動に。だけど、それをいくらくりかえしたところで、雲は増すばかり、闇は深くなるばかり。なによりも優先すべきは、その曇った目を透明にすることだよ」

いま、すこしばかり澄んできた目でみると、なるほど、そのとおりだと実感する。

不安などまったくなかった。むしろ、まるで正反対のことが眼前に広がっていた。

＊

規模の追求すら可能なのではないか。誤解を承知でいえば、自分が携わる出版産業（斜陽産業と言われて久しい）ですら「成長」は可能なのではないか。そんなふうに思い始めた（もちろん電子書籍において、ではない。紙の出版産業として。電子出版は別の産業なのだから）。

では、いかにすれば成長は実現するのか。

それは、時間軸をもちこむことによって可能となる。

しかし、昨今の規模追求は、「四半期における売上増一五〇パーセント」といった短期間におけるものが多数を占める。そうあらねばならないかのように、絶対命題となっているケースさえあるようだ。

たとえば出版社の場合。

「ということは、三カ月後に十万部のベストセラーが出ないといけないですね」といった話になる。もちろん、実現すればなんら問題はない。けれど、そうは、そうそう起こらないのが現実だ。結果、「十万部見込んでいたのに一万部で終わったので、来月は残り九万部を上乗せして、十九万部のヒット作を出さねばなりません」……信じがたいことだが、こういう話に落ち着くことになる。

けれど、これからの時代において、規模を、垂直方向に求めていくのは現実的ではない。高いタワーは、もう十分。高所から見下ろす景色はたしかに美しいが、いささか地上から離れすぎてしまったようだ。

平川克美《ひらかわかつみ》さんが言うように、日本史史上、初めて自然減による人口減少が起きている（『移行期的混乱』）。そういう時代にあって、規模は垂直ではなく、水平に求めていくのが、より自然ではないだろうか。

ぼくたちの仕事でいえば、こんなふうに。

――一年をかけて千部売れていく本がある。その本を毎年、毎年、千人のもとへと届けていく。それが十年つづくと一万部になる。百年つづけば十万部になる。

同じ十万部でも、三カ月でたどりつく十万部と百年かけてたどりつく十万部とでは中身がまったくちがうだろう。

短期間で実現されるベストセラーは、それが売れているから、という理由で買われていることも多い。けれど毎年本を届けていく千人は、どうしてもそれを読まずにはいられない千人だ。言い換えれば、そういう人たちは濃い読者といえる。

本を消費する人、ではなく、本を読む読者。

読者の人たちとともに歩んでいけば、百年単位で、水平方向のベストセラーを生み出すことができるはずだ。

消費者によるベストセラーではなく、読者によるベストセラーを。

平原にどこまでも平たく延びていく家の連なり。きっとそれは、万里の長城のように壮観ではあっても、さむざむしいものではないだろう。家々ごとにちがう明かりが灯り、ちがう音楽が流れ、ちがう言葉のやりとりが(ときに永遠のような沈黙が)かわされ、間取りも家具も一軒一軒ことなる。そういう平屋がまっすぐ、あるいは、くねくねと連なる。上空からみたとき、その形は実にさまざま。ただ、一棟一棟に「人」がいることだけは共通している。空き家は一軒としてない。

＊

出版は道だろうか。

文平さんとの会話を経てかつてそんな問いをもったことがあった。

「道においては、当初の目的そのものの追求とは違うものまでをも追求する行為から道は始まる」。出版でいえば、当初の目的である「おもしろい本をつくること」「本を届けること」、出版という行為そのもの、ではないものを追求していく。そうなれば出版道となる。

このように考えたわけだが、そういうふうに出版の道は成り立つのだろうか。

ぼく自身の体験として、出版そのものを考え、追求していたとき、さまざまな発見をした。編集とは「何もしない」を全身全霊こめてすることだという最大の気づきもこのとき得た。ただし、その「何もしない」を全身全霊こめてするという編集感覚は、現場に、それももっとも厳しい最前線に立たないと磨かれることはない。「おもしろい」を、「届ける」ということを、全力で追求してこそ、文字通りの道は開かれる。

そして拓かれた道があるからこそ、歩むことができる。平屋の連なりを百年単位で生むことができるのだ。

きっと、それが出版における道なのだろう。茶道や華道、武道といったものにおける「道」とは違うかもしれない。実際的目的とつながったところで出版の道はあり、その道は、すでに敷かれた道と先への道とをつなげていくことなのではないだろうか。

そんなことを考えていた折（二〇一四年七月末）、「ガウディ×井上雄彦」展を鑑賞する機会があった。展示場にはいり、最初に眼にしたことばがこれだった。

「人は創造するのではない。発見するのだ。by アントニオ・ガウディ」

この一文に、この数年の自分の動きすべてが凝縮しているように感じた。発見するということは、すでに創造されていなければ発見のしようもない。いうまでもなく、すでに創造されているものとは、自然のことだ。自然が生んだものを発見し、今の命を吹き込む。

ぼくが出版を道ととらえたとき、「すでに敷かれた道」と「先への道」をつなぐことがその役目であると気づいた。その気づきこそ発見だった。すでに敷かれた道、とは発見するということの言い替えといっていいからだ。けれど、城陽でぼくがしようとしていたことは発見ではなかった。あれは創造をしようとしていたのだ。出版不毛の地で出版社を――。それは、自然への冒瀆的行為であったといっていいかもしれない。

けれど、メディアとは、原義通り、媒介である。媒介とは、すでにあるものを発見し、しかるべきところへと届ける。その動きをかたときも止めることなく、流れつづけることをおいてほかにない。けっして、「発信」する者ではないのだ。

道と道とをつなぐ。結ぶ。これが出版の道というものだろう。

ところでぼくは、ひとつ大切なことを措《お》いて話を進めている。

もうお気づきだろうが、感覚が戻ったことを前提として話しているのだ。目の曇りは失せ、道は平原へと延ばすこと、そういう形での規模の追求は可能だと述べた。垂直方向への規模の追求は、感覚を麻痺されることがあるのに対し、水平方向はそうはならない。これは現場感覚にもとづく直感だ。勘、といってもいい。いうまでもなく、勘は頭で考えていては出てこない。

では、どうしてこのような勘が働くようになったのか。

失われた感覚を求めて

ついこのあいだのことだ。

一歳になろうとする息子が、よちよち歩きを始めた。以来、一日一日とときの経過とともに転ばず歩く距離は延び、歩速も増している。

あるとき、玄関につづくふすまが開いていた。息子はパタパタと玄関まで歩いていく。そのまま歩いていけば、玄関下へと落ちてしまう。

(危ない!)

しかし言葉はいつも後追いだ。声に出すころにはたいてい手遅れ。このときもそうだった。

ぼくの手は遅れてさしのべられた。

玄関の際でピタっとたちどまる息子の身体へ。

またあるときのことだ。

京都の階段は急なところが多いが、わが家も例外ではない。赤ん坊の身長ほどの一段を、全身伸ばして登るようになったころ。二段、三段を登ったところで息子はこちらをふりかえった。自分の一段下の位置へ来いと言う。むろん日本語はまだ話せない。だが手の動きと、こお、こおお、という音の響きで、自分の下で待機するよう伝えてくる。落ちると危ないから、ここで待っていて、と。

危険へのセンサーは生まれもって備わっている。教えずとも、すでにできる。そう感じた。幾度となく、このような息子の姿を目にして、はたと思った。

ぼくたちは大人になるにつれ、実はどんどんとわからなくなっているのではないか？

赤ん坊はたしかに切符の買い方だとか、信号の意味はわからないかもしれない。けれど、ちゃんと、生きるために必要な感覚を備えもっている。

危ない一線でギリギリ止まり、眠たくなったら泣き、お皿を割ったらまずはにっと笑うのだ。むしろ大人たちのほうが、そういう振る舞いができなくなっているのではないか（赤ん坊は転んでも怪我をしないしなやかで柔らかい身体をしているが、大人はすこし派手に転べばすぐ怪我をする。にもかかわらず、段差を感知できずに転ぶ）。

大人になるにつれ、もっていたはずの感覚を失っていく……。

もしかすると、生きるということは、この失われた感覚を取り戻すことなのかもしれない。この瞬間にも失われていっている感覚を、なんとかして。

＊

小林秀雄《こばやしひでお》は言う。モオツァルトが没して後、「音の世界に言葉が侵入して来た」と。言葉を精緻に用いることで、音楽をコントロールできるようになった。つまりそれを語りえるようになった。ただし言葉によって「分析し計量」できる範囲内において。こうして、モオツァルト以降の音楽家たちは、その範囲をこえる「漠然とした音」をそのままに感得することを忘れた。

小林がモオツァルトと彼以降に見た断絶。これは、なにも音楽の世界においてのみ起きたことではない。絵画の世界、文学の世界はもちろん、ひとりの人間が生きるということ、そのことまでも語っていやしないか。そして、恐れ多くも、ぼくという一人の人間の数年間をも。

ぼくが震災以降にたどった行動は、感覚と非言語の世界から言語と論理の世界への移動であった。

自由が丘にしかオフィスがなかったころ、ぼくはブルース・リーさながらに「Don't think, feel」を提唱していた。仕事は考えてから動いていたら必ず一歩遅れる。その一歩の遅れが致命傷になることだってある。考える前に、勝手に身体が動いていた。その域をめざして、感度を高めて仕事をしよう。そのためにも、精度を高めながら、同じ仕事をくりかえしておこなうこと。常にこんなことを言っていた。レベルはまだまだではあるものの、実践していたのは間違いない。城陽進出はそうした日々のひとつの帰結であった。ところが、二拠点になって事情が変わった。

Feelしようにも、場を共有していない。バラバラなのだ。メンバーはぼくの思っていること、感じることをfeelできないし、ぼくもみんなの感じていることをfeelできない。Feelはその人のなかに眠る言語化できないものを感知してこそ、初めてfeelしたと言えるのだから。

二拠点以降、ときに電話でときにメールで、ときにスカイプを介して、ぼくたちは「意味」のやりとりをするしかなくなった。――これをおこなったか？　どういうふうに？　それによって結果は？　数字的には……？

それまで気にしないでいた数的、意味的なやりとりに終始せざるをえなくなった。

結果、創業からの五年間、一人も抜けることのなかった会社において、二年のあいだに二人のメンバーが抜けることになった。それぞれ家庭の事情などがあるにせよ、一緒に働くことはなくなったのだ。それは、まぎれもない事実である。

そうして感覚は冷えていった。

一方で、編集という本業においても、初めて言語化を試みるようになる。編集とは何か。メディアとは？　編集＝念力説、など、さまざまな角度から、言語レベルで考えるようになった。そしてますます感覚を失っていった。

ずいぶんとあとになってわかったのだが、これは片道切符だった。

一度、言語化の世界にふみこめば、二度と感覚のみでやっていた頃に戻ることは叶わない。失ったまま、あるいは、ちがう形で得るか。そのどちらかである。

歩行をマスターした子どもが、あるとき、歩き方を教わったとする。「右手を前に、同時に左足を出してごらん。膝でリズムをとるようにして」。こんなことを言われたとたん、ぎこちなくしか歩けなくなる。さっきまでスイスイ歩いていたのに……。理屈と言語が邪魔になって動きがかたくなる。

では言語化の作業は避けてとおりつづければいいのか。

おそらく答えは、否、だろう。

現代という時代を、とりわけあるひとつの職業を生きつづけようとすれば、この一歩をいつかは踏み出さなければいけない。なぜなら一部の天才を除いて、多くの人たちにとって、生きていくということは、他者と共存し、経済的にも人間的にも成長していくこと抜きにはありえないだろうから。たとえ感覚が鈍化しようとも、言語による思考や論理的な発想を身につけていくことは、大人化への必要過程なのだ。

とすると、感覚だけの時代から言語化のときを経て、再び、感覚を取り戻すことが肝要といえるだろう。

はたしてどうすれば可能なのか？


モオツァルトは「いつも生まれたばかりの姿で現れ」た。「絶対的な新鮮性」をもって人々を驚かせた。

それを自然にできる者、できつづける者を天才と呼ぶのだろう。だが、ぼくたちは天才でないからといってどうしてその状態をめざさないでいいというのか。

大人化の名のもと、麻痺した感覚のまま安住してはいけない（そんなことをすれば奴らの思うツボだ）。だからといって、大人化を拒み、子どものままいつづけることもできない（それでは、発見したものを次へつなげることができない。享受するだけの人が多くなりすぎてしまう。それがやがて消費者というモンスターを生む）。

失われた感覚を取り戻し、みずみずしい感性のまま言語化する。その力強い一歩を踏み出さなければいけない。

*

まっ白なキャンバスがある。
右から青色が塗られる。左からは赤が。
ふたつの筆がキャンバスの左右から中央に向かって塗りたくられていく。
塗って塗って、塗りたくられ、やがてふたつの筆が重なり合う。
キャンバスの真ん中で、青と赤が混じり合う。混じり合った青と赤は紫へと変色する。
右側のほうが青っぽい紫。
左側のほうが赤っぽい紫。
それぞれの範囲は広くなったり狭くなったり、をくりかえす。
それでもなお、互いの筆を動かしあう。中央部は、何重にも何重にも塗られていく。
何重にも、何重にも。
横で見る者は、もういいのではないか、と思うほどに塗り重ねられる。
けれど、筆塗り人はどちらもその手を止めようとしない。
ひたすら塗る。
塗る手を少しでも休めれば、自身の色がすべてなくなってしまうという恐怖心からか。

それとも、ただ、そうしたくてそうしているのか。

理由はわからない。理由はわからないが、手が休まることはけっしてない。

あるときを境に両者の手の動きが速まる。

塗って塗って、さらに塗る。

高速といってもいいほどの速さになる。

もはや手の動きすら見えない。

キャンバスの中央で何かが動いているのだけが、かろうじてわかる。真ん中に見えるのは、青か赤か紫か。あまりの混じり具合に、黒に近いような色にも思える。

いったいその高速の動きがどれほどつづいたであろうか。

あっと息をのむ間の出来事だった。

中央で入れ替わる青と赤、紫あるいは黒がぱっと消えた。

一瞬、消えた。

そして代わってそこに現れた、
まっ白。

いま、ふたたび、白いキャンバスに青と赤が塗られている。
右から青色が塗られ、左からは赤が塗られゆく……。

＊

かつて、一枚のキャンバスは画家にとって、とても貴重なものだった。とりわけ、かけだしの画家や売れない画家にとって、それは贅沢品のひとつにほかならない。ゆえに一枚のキャンバスに何度も重ね塗りをして使った。新しい作品を描く際、以前描いた小品の上に白を塗ったり、もとの絵を削ったりして、白いキャンバスをつくった。絵を描く余裕もないほどにお金に困ったときは、小品を売って生活費に替えた。といっても作品としての絵を売ったわけではない。キャンバスを売ったのだ。そのキャンバスを買った違う画家が、その上に自分の作品を描いた。

いずれにせよ、作品を生もうという段階と生まれるまでのあいだに、白い状態がはさまれる。その状態がないことには、もとに描かれた下の絵から画家は自由になることはできない。

ぼくがこの数年の間、観念的にも発見し、のちに体感としてもわかったことが、この「白くなる」ということだ。

ときに人は、頭のなかがまっ白になった、と表現する。何も思い浮かばない、考えることもできない、そんな状況をさしていう。けれど、ぼくが発見した感覚でいえばこうなる。

身体がまっ白になる。

そのほうが適切であるような気がする。

頭のなかがまっ白になるだけだと、頭より下、首以下の身体の部分はけっして白くなっていない。あくまでも一時的に、部分的に、白いだけだ。

全身がまっ白になる。

身体という一枚のキャンバス、身体というひとつの器をなにで彩《いろど》るか、なにで満たすか。もちろんすべては個人に委ねられている。けれど、たしかなことは、毎日、シミ程度の黒をつけていけば、ネットに流れては消えゆく小さな情報にばかり反応していては、やがて、そのキャンバスは黒一色になり、器には新たに何かを盛るスペースがなくなる。

白くなる、とはその状態を革《あらた》めるということだ。そして、それが可能な身体性を有している、ということでもある。

この身体性を、編集者的身体とぼくは呼ぶことにした。発見する身体と言い換えることもできる。どちらにせよ、これこそが言語化・論理化で失われた感覚を取り戻す術なのだと気づいた。あえて自己分析すれば、城陽から京都への進出を決めたタイミングと、ミシマガのサポーター制を思いついたタイミングが同じだったのは、ギリギリに追い込まれたなかで、残された感覚をフルに高め、一瞬、まっ白になったからだと思う。

＊

この編集者的身体がないと、おかしなことが平気な顔をして闊歩《かっぽ》することになる。

たとえば——。

ある放送局の会長は憮然として言う。

「政府が右と言うものを左といえるわけがない」

この発言のいったいどこに「メディア」を感じられるだろう？　雪の切片ほどのメディアすらここにはない。あるのは、主体なき服従だけだ。

その実、なぜこの人がこれほどに断言できるかといえば、どこかの段階で主体を他者に譲ってしまっているからだ。時代という他者、権力という他者に。時代のせい、他者のせいであるかぎり、発言者は永遠に反省しなくてすむ。

何も権力や時代ばかりが主体を奪うわけではない。「自分」が奪うことだってある。それも多分に。それが一番こわいことだ。

自身をふりかえってもそう思う。仮説と実験をくりかえし、不安に浸かっていたとき、自分じゃないどこかに答えがあると考えていたのだろう。時代の新しい流れをつくりたいという思い（創造欲求）と、時代の主流から外れすぎることへの不安（保身願望）に挟まれて。けれど、どちらも、主体は時代であったり、環境であったり、自分以外のところにある。

結局のところ、仮説と実験を重ねながら無意識レベルで希求していたことは、もう一度、主体を自分の身体へと取り戻して生きること。それに尽きるように思う。

そして、その主体はまっ白になることで戻ってきた。つまり、編集者に徹することで。それはまるで逆説的に聞こえるかもしれないが、「絶対」といっていい。

編集やメディアの役割は、よく誤解されがちなのだが、「発信」ではない。くり返すが、あくまでも「媒介」である。自分発信に走ればかえって主体は遠ざかる。自力で全てを動かしてやろう、そういう自意識ほど自然からはるか遠い行為はない。

編集者的身体とは、揺れ動く生の日々のなかにあって、なお主体をけっして手放さないでいるための感覚だ。

なにもこれは、編集という仕事をする人間だけにかぎらない。人が人であるための必須の感覚でもあると思う。

これに対し、作家的身体は、けっして誰もがもちうるものではないかもしれない。作家的な身体性は、編集者的な感知力・媒介力は当然のことながら、くわえて表現力が要る。表現力には、才能であったりセンスといわれるものが含まれるだろう。

編集者的身体には表現力は必要ない。ただまっ白になることさえできれば十分だ。

ぼくは、光嶋さんたちとの「寺子屋ミシマ社・編集編」の実践などで、誰もが編集者になりうることを確信している。

いずれにせよ、この時代ほど、編集者的身体が必要とされるときはないだろう。少なくともぼくが生まれてからの短い人生のなかでいえば、間違いない、といっていい。

自分の身体がまっ白になれば、いろんなことが見えてくる。

たとえまっ黒に塗りつぶされた紙を見せられても。そこにはしかるべき文字がすでに刷られているのがわかるにちがいない。あるいは表面的には白紙の束でしかない本であっても、ちゃんとそこに書かれているものを読むことができるはずだ。

身体がまっ白になる。能楽におけるワキが、あるいは編集者が、そうであるように、そこにいながら、そこにいない。そして、そこにいないが、そこにいる。このような身体性を刻々と生成しつづけたい——。

そのためにも淡々とした日々を送っていくことだろう。けっしてドラマチックでもドラスティックでもない日常を。

身体がいつでもまっ白にできる感覚さえ維持できれば、無闇に恐れるものは何もないと思う。

エピローグ

二〇一四年六月二十七日。京都オフィスは、ワンルームから築六十年ほどの一軒家に引っ越した。三条大橋と三角州（デルタ）のある出町柳《でまちやなぎ》との中間に位置する丸太町橋のたもとに、その一軒家はある。二階建て、屋根裏部屋と小さなお庭付き。一階は和室が二間、キッチン&ダイニング風スペースが玄関すぐにあり、二階は四部屋、一室が畳部屋になっている。その部屋の窓からは鴨川が見える。総面積にして、ワンルームの実に四倍強の広さ。大人数でミシマガの企画をしてもまったくせまくないし、取材と打ち合わせが重なったりしても、一階と二階の和室でそれぞれ並行しておこなうことだってできる。もちろん、昼寝だって人の目を気にせず、ぞんぶんにできる。ワンルームでできなかったことばかりだ。

城陽から烏丸三条に移ってからの一年二カ月は、町がぼくの仕事場だった。

オフィスであるワンルームでも、もちろん仕事はしたが、打ち合わせや発送業務など、オフィスでしかできないことがそこでの中心的な仕事だった。そうして、原稿読みや執筆などはもっぱら、近所のカフェでおこなった。同じ建物の二階にあるcafe Jintaや東洞院通り沿い、御池の少し南にあるSentido。いったいここでどれほどの時間を過ごしたことだろう。Jintaは取材などでも使わせていただくことが多かった。Sentido はぼくのオフィスそのものと化していた。Cozsi や Ital Gabon も、ときおり使わせていただいた。

こうしてちょろちょろと町のお店をうろつくことで、自分の感覚がひとところに、とりわけパソコンのディスプレイに、固定されるような事態が免れたと思う。

編集という仕事の前線に立ちつつ、場に居着くこともない。

町を歩くと、いつしか、身体に溜《たま》る澱《おり》のようなものもこぼれおちていく。

動くことで、身体は白さを取り戻していったように思う。

そして今。

広くなった一軒家で、なにをするにも動く距離が格段に増えた。

二階にデスクと椅子を置いているのだが、トイレに行くときは一階へ下りねばならず、それだけで動く量はちがう。それも手洗い場からはるか対極に位置するところにそれはある（設計的におかしい）。つまり、遠い。なにをやるにも、いちいち動かなければいけない。しかも引っ越しして翌日にはそのトイレが壊れた。流すたび、床から水がにじみ出てくる。その翌々日には、二階に上がってすぐの部屋の板の間にヒビが入った。踏むと、ギシッと音を立て凹む。細かいことを挙げだしたらキリがない。きっとこれから、いろんな不備や故障が発生するだろう。けれど……。

ねずみ的なるものとの共存、ふたたび。

そう考えると、京都のオフィス内にも、そういう隙間をいっぱい持つことができた。その点において、進歩した、といえなくもない。

それに、社内にいながらにして、いっぱい動くことができる。ついさきほどまで、みんなと同じ空間で仕事をしていたが、これを書くために、二階の奥の洋室へ場を移した。昨日は、一階の掘りごたつで、この本のゲラを、うーうー、うなりながら読んだ。なんといっても、毎朝、掃除をしなければいけない空間がどれほど広くなったことか。

確実にぼくはいま、日々動いている——。


城陽オフィス開設からはや三年が経った。ワンルームでの活動を経て、鴨川近くの一軒家に移ってきた。ようやく腰を据えて東京以外の地で出版活動ができそうな気がしている。いよいよ今度こそ、東京以外の地での仕事が本格化するのだ。

さて、これからいったいどんな景色を見ていくことになるのやら。今は、まったくの白紙である。

あとがき

再生の書にしたい。

心のどこかでそう願いつづけていたように思います。

城陽に出版社をつくる――。そもそも、その時点で、再生願望があったと考えるほうが自然でしょう。でなければ、ずっと東京にいつづければよかったわけです。

では何を再生させたかったのか。

自分自身を、自分がかかわってきた世界を、自分の生まれ育ってきた土地を……おそらく。

二〇一一年三月十一日に起きた東日本大震災の衝撃は、いまも、ぼくたちの足元を揺らしつづけています。原発問題ひとつとっても、そのことは明らかでしょう。あらゆることが、後退することはあれど、なんら進展していないのですから。

ぼく個人の迷走は、本編のとおりです。ここではくりかえすことはしません。ただ、ひとつだけ、誤解なきようつけ加えたいことがあります。

それは、「出版不毛の地」から最終的にオフィスを移すことになりましたが、けっしてそこでの出版活動が無理だったからではない。このことは、ちゃんと申し上げておきたく思います。ぼくひとりが、かの地で働き、生きていくのであれば、なんら問題なかったのです。「創造」ではなく「発見」をその地でおこなう。ひとりを生かすには、十分な発見をしていました。そのことは確信をもって言えます。

けれど、もしそのまま城陽にいつづけることを選んでいたならば、ミシマ社という会社はぼくひとりになっていたはずです。つまり、自由が丘メンバーを、新卒で入社する予定の新人を、六年かけて積み上げてきたものを、そうしたすべてを、「捨てる」という選択をとらざるをえなかった。ひとり出版社にするか、メンバーとともに歩むか。それは、猫かワタナベか、どころではない、二者択一の問いでした。

二〇代のころに出会い、ぼくを支えつづけている「教え」があります。

「決断というのは、できるだけしない方がよいと思います。といいますのは、『決断をしなければならない』というのは、すでに選択肢が限定された状況に追い込まれているということを意味するからです。選択肢が限定された状況に追い込まれないこと、それが『正しい決断をする』ことより、ずっとたいせつなことなのです」

（内田樹『街場の現代思想』NTT出版）

このことば通り生きてきたつもりでしたが、ぼくのみならず、震災以降、多くの方が同じような状況に陥ったのではないかと思います。どっちか、を選ばざるえない。あるいは、本編で述べた「記号返し」（場当たり的対応）をするのが精一杯。いってみれば、感覚を発揮しようのない状態に追い込まれてしまっている。

その感覚を発揮できるよう、追い込まれなくても済む状態を取り戻すため、いまという日々があるのだと思います。もちろん、制度疲労したシステムの上に乗っかることでも、大きなものと大きなものとが一緒になったりすることで、回復していくものではありません。むしろ、そういう事態が進むほど、個人の感覚は後退するでしょう。

「その根拠は？」

もし、そんなことを言うひとがいれば、それほどにそのひとの感覚は失われている。そうとらえていいはずです。その意味で、現代という時代に進行している「失われた感覚」は、震災以降に多くの心ある人たちを襲ったそれとは、別次元にあるように思えてなりません。だけど、というより、だからこそ、言語化することを恐れてはならない。その次元における「失われた感覚」を動かすためにも。あらゆる再生のためにも。

本書を書き上げるにあたり、その思いが大きな後押しをしてくれたのは間違いありません。

＊

本書は、二〇一一～一二年の動きを中心につづったものです。二〇一二年十二月から書き始め、Iを二〇一三年四月ごろに執筆しました。以降、IIを二〇一三年六月、IIIを同年九月から十月にかけて、IVは翌年二〇一四年一月、二月ごろにまとめました。Vは、つい数カ月前の六月に書き上げたばかり。およそ一年半をかけて本書を執筆したことになります。時の経過とともに思考や考察が深まり、いまこうして書き終えたわけです。裏を返せば、時の経過が浅い時点では、考察も当然浅くなっている。「いま」から思えば、そんなふうには考えないということも多々あります。けれど、本書ではそうした思考の過程をできるだけ残すように心掛けました。それは、ぼく個人の考えをまとめた本ではなく、あくまでも、ぼく自身が何かを知りたくてもがいた（現在ももがいていますが……）、その記録にしたかったからです。そうしないことには、再生の書にはなりえないと感じていました。

＊

本書を貫く考え方や行動は、ぼく個人の意思というよりも、多くの尊敬してやまない方々の思想に負うところが大きいでしょう。おひとりおひとりお名前を挙げることはできませんが、本書で何度か引用させていただいた内田樹先生はじめ、安田登先生、寄藤文平さん、そしてミシマ社から本を出していただいている著者の方々、また、城陽に移ってから知り合うことのできた方々（とりわけ近藤淳也さん、光嶋裕介さん、森田真生さん）には、本書の生命の中心をなす力をいただきました。心から感謝申し上げます。

編集にかんしては、朝日新聞出版の山田京子さんに多大なるご尽力をいただきました。いつ完成するともわからない原稿に、辛抱強く「待つ」さまは、まさに、「何もしない」を全身全霊込めてする、の実践でした。本書がこうしてあるのは、その編集の力を間近で感じることができたからこそです。装丁は、クラフト・エヴィング商會の吉田篤弘さん、吉田浩美さんがお引き受けくださいました。光栄の極みです。山田さん、吉田さん、本当にありがとうございました。

また帯には、心から尊敬しております是枝裕和監督から推薦のおことばを頂戴しました。あるインタビューのなかで是枝監督は次のように述べています。「詩やメッセージというものがもしあるのだとしたら、それは作り手の内部にではなく世界の側にある」。本書執筆中、監督のこの発言に出会うことができたのは幸運以外の何物でもありませんでした。それはそのまま本書の中枢になっていったように思います。監督、身に余るおことばを誠にありがとうございました。

最後に、本書にご登場いただいたすべての方々、この三年のあいだにお世話になったすべての方々に、そして城陽という場に心から感謝の念を捧げます。本を愛するすべての人々にとって、喜ばしい世界が待っていることを願ってやみません。

二〇一四年八月吉日

三島邦弘

本書は書き下ろしです

三島邦弘（みしま　くにひろ）
1975年京都生まれ。1999年京都大学文学部卒業。出版社２社で、単行本の編集を経験したのち、2006年10月、単身で株式会社ミシマ社を設立。2011年に京都府城陽市、2013年に京都市に拠点を移す。「原点回帰」を標榜した出版活動をおこなっている。内田樹「街場」シリーズ、平川克美『小商いのすすめ』、西村佳哲『いま、地方で生きるということ』、絵本『はやくはやくっていわないで』（作・益田ミリ、絵・平澤一平）などを編集。著書に『計画と無計画のあいだ』（河出書房新社）がある。

失《うしな》われた感覚《かんかく》を求《もと》めて
地方《ちほう》で出版社《しゅっぱんしゃ》をするということ

2014年９月30日　第１刷発行

著　　者　三島邦弘
発 行 者　首藤由之
発 行 所　朝日新聞出版
〒104－8011　東京都中央区築地5－3－2
電話　03－5541－8832（編集）
03－5540－7793（販売）

印刷製本　三永印刷株式会社

ISBN978-4-02-251211-6
定価はカバーに表示してあります